PASQUILLES

PASQUILLETTES

ET SCÈNES POPULAIRES

LILLOISES

Par Ch. Decottignies.

LILLE

IMPRIMERIE A. MÉRIAUX, RUE SAINT-ÉTIENNE, 6
1875

PASQUILLES

ET

PASQUILLETTES

PAR

CHARLES DECOTTIGNIES

C.A.M.

LILLE
IMPRIMERIE A. MÉRIAUX, RUE SAINT-ÉTIENNE, 6.
1875

Y+

LE DANGER DE LIRE DES ROMANS

L' mason et les gins n' sont pus là,
J' peux vous conter l'histoir' que v'là.
L' vieux Lillos, comme l' vieill' Lilloise
Peuv'tent s' rapp'ler qu'près d' l'Arbonnoise
S' trouvot dins l' temps un p'tit catiau
Avé d's allée au bord de l'iau;
Et quand on passo' in barquette,
On pouvot vir eun' jeun' fillette
S' pourmenant l'air triste ou joyeux,
Avec un live d'vant les yeux.
Un jour, cheull' jeuness' vaporeuse,
Perdu' dins quéqu' scène amoureuse
D'un Paul de Kock, ou d'un Ricard,
N' vot point qu'par suit' d'un brusque écart
Ell' prind tout drot l' rout' de l' rivière,
D'uch' qu'ell' va bourler, tiet' première.
Heureus'mint qu'un homm' du catiau
L'a vu disparaite au fond d' l'iau.
On l' l'a r'péqué sans connaissance,
Mais sans danger pou s'n existence.
Quand tros s'maine' après ch' l'accidint,
Ell' s'a rapp'lé ch' cruel momint,
L' premier r'gard a été pou s' mère;
Puis, sautant dins les bras d' sin père,
Ell' li dit, l' main droit' su sin cœur :
— J' veux m' marier avec min sauveur !
Tout m' dit qu'il est biau, jeune, aimable,
Chin qui vient d' faire est admirable,
J'arai mes dij'-huit ans l' vingt-deux;
Marie-nous ! et l' pus vit' s'ra l' mieux.
— Mais je n' peux point, p'tit' malheureuse !
Répond sin pèr', t'es point honteuse

D'avoir à t'n âch' chés idées-là ?
Te d'vros rougir in parlant d' cha.
Puis ch' que t' m'y forche, in v'là la preuve :
Tin sauveur... ch'est min quien d' Terr'-Neuve...

LA MULTIPLICATION DES PAINS

Dins l' bon temps qu' j'allo à l'école,
Chaqu' dimanch', pour récréation,
On avot s' petit' réunion,
Et l' Frère Ignac' peurnot l' parole
Pour divertir ses galopins.
Un soir i nous contot l' miraque
De l' multiplication des pains ;
Mais v'là que s' mémoire s' détraque,
Et dins l' caleur i lanc' cheull' craque :
— Oui, l' Christ a nourri d' ses prop' mains
Ching personne' avec *ching mill' pains.*—
Là-d'ssus, Gustin éclate d' rire
Et s'écrie : — J'in f'ros bien autant.—
L' bon frère Ignace r'veft' l'infant,
Termine et s'in va sans rien dire...
L' dimanche d'insuite, ayant su l' cœur
D' réparer cheull' petite erreur,
Qu'on ara soufflé dins s'n orelle,
Avant d' commincher d'aut' mervelle,
L' Frèr' dit : — M's infants, dimanch' passé
Dins m'n histoire j' m'ai abusé :
— L' Christ a nourri chinq mill' personnes
Avec chinq pains et tros pichons.—
A Gustin qui mingeot des pronnes
In much'-muche avé d's aut's garchons,
Pou s' vinger de s' phrase indiscrète,
L' Frère ajoute, in s' tournant sur li :
— Eh ben, malicieux, aujourd'hui
T'in f'ros bien incore autant, p't-ête ? —
Gustin, sans ête imbarrassé,

Réplique au Frèr', tout d'eune haleine :
— J' les norriros sans gramint d' peine,
Avé l' restant d' Dimanche passé...

UN VEUVAGE ANTICIPÉ

D'puis soixant'-neuf, dins l' rue d' Paris,
Restot deux gins si bien unis,
Qu' chacun les app'lot Jean et Jeanne,
A l' plach' des noms d' Pierre et d' Marianne.
Tros ans l' bonheur a là resté
Avec un cat pour société,
Et des peun'tierr' pour nourriture.
Mais v'là qu'un jour de grand' froidure,
Pierr' s'in allot chez sin barbier,
Lorsque, sans povoir mêm' crier,
I quet su l' façad' de l' boutique...
L' pauve homme étot... paralytique.
Dir' les pleurs, in l' veyant ram'ner,
Les nuits passée' à l' frictionner,
Les doup's mingés, ch'est trop sensible ;
S' femme a tout fait, mêm' l'impossible.
Après huit mos d' soins superflus ;
L' quartier comptot eun' veuve in plus...
Pauv' femm' ! qui j'tot des cris d'alarmes
Et lavot s' cambre avec ses larmes.
Mais comm' tout pass', même l' chagrin,
Marianne, un vindeurdi matin,
Abandonne un momint s' tristesse
Et s'in va... se r'mette d' promesse.
L'imployé, veyant ses papiers,
Li dit : — Il est bon qu' vous sachiez
Qui faut *dix mos* tout pleins d' veuvache
Pour contracter nouviau mariache,
Et l' deuxième mos n'est point passé
D'puis l' jour que Pierre est trépassé. —

Rouch' comme un co qui perd eun' glaine
Mariann' s'écrie, sans r'prinde haleine :
—Vous dit's ?...*deux mos* que m'n homme est mort !
Eh ben, min fieu, vous n' êt's point fort
Pour un imployé de l' Mairie.
Et les huit mos d' paralysie ?...

LE PAIN DU COLLÉGE DE X...

In intindant cheull' pasquillette,
Vous allez dire, à l'aveuglette,
Qu' ch'est incore un conte invinté,
Et pourtant, ch'est l' pur' vérité.
Infin, qu'importe, v'là l'histoire :
Si vous avez gardé mémoire
D'un temps, qui pour mi est d'jà lon,
Vous d'vez savoir qu'étant garchon,
Faim et soif jamais cha n' vous quitte,
On ming'rot l' cont'nu de l' marmite.
Par malheur dins certain's pinsions
On n'a que d' bien maigres portions;
Il est vrai qu' chint francs par trimesse
Pour faire un artiss', ch'est tristesse.
Bref, vous sarez qu'étant gamin,
J'allo au collége... d' machin.
L' nourriture y étot passable,
Mais l' pain pus dur que l' diable.
J'avos pour camarade d' lit
Un drôl' de corps d'un appétit
A dévorer un copon d' brique,
Mais biête aussi comme eun' bourrique;
Ch'est à tel point qu'*un jour au soir*
Il apport' sans bruit dins l' dortoir
Un pain brûlant d' siept à huit lives,
Qui fourre in d'ssous d'un mont d' gros lives.
— T'es lass', comm' mi, d' croquer l'pain dur,
Eh ben, j' viens d'escalader l' mur,
Pour in prinde un caud dins l' cuisine,
Qui m' dit, avec eun' sérieus' mine,

Nous avons, grâce à ch'petit s'cours,
Du pain tendre au moins pour quat' jours.

LE MOT DE LA FIN

Un vieux jeune homme d' chinquante ans,
Voulant gaîmint finir sin temps,
L'an passé, par un jour de fiète,
S'est amouraché d'eun' fillette
Qui n'a eu que s' majorité
In septant'-chinq, au *Parjuré.*
Il étot rich', cha vaut l' jeune âche;
Si bien qu'il l'a eu in mariache
Et que l' jour des noces, ch' balou!
N'intindot qu'à s'n orell' : — *Cou-cou !*
Rien n'y a fait. Heureux quand même
D' posséder cheull' biell' petit' femme,
Il l'adorot comm' ses deux yeux.
Elle, in veyant s'n homm' si joyeux,
N'osot jamais li fair' froid' mine,
Mais comm' l' pus rusé' matine,
A l' baguette ell' le conduijot,
Et li croyot chin qu'ell' dijot.
Infin, trinte-huit s'maine' après l' noce,
Il arrivot cheull' petit' cosse
Qu'on appell' — *bonheur ou malheur.*—
Etindu' sur un lit d' douleur,
Cheull' femme attindot s' délivrance
Et s'n homme éprouvot tant d' souffrance
D'intind' crier s' pauve Elisa
Qui braillot comm' s'il avot l' ma...
Intre deux crises s' petit' femme
Pour calmer cheul douleur estrème
Li dit : — Auguste, ch' n'est point biau,
T'es là qu' te brais comme un grand viau,
Te f'ros mieux d' faire l' bon apôte,
Si j'ai du ma... *ch'est point de t' faute.*

UNE PIÈCE DE 4 FRANCS 50

Bonn' mèr' d'un méchani galopin,
Thérèse, eun' femme d' Phalempin,
Un jour courrot dins sin villache
Comme eun' sotte, et s'arrêt' su l' Plache
In criant : — Mon Dieu ! min trésor !
J' viens d'avaler chinq franc' in or
Qu' min fieu a laiché quer dins m' soupe !
Me v'là *morte*, et j' n'ai pu un doupe. —
Chaqu' commère, ému' d' compassion,
L'oblige à prinde eun' purgation :
Huil' d'*henricinq*, eau d' *sel*, pilules,
Et mèm' jusqu'à plusieurs canules
Li pass'nt dins l' corps comme eun' dépêche,
Et faitt'nt rind' cheull' malheureus' pièche
Pa l' bas, mais noir' comm' du carbon :
Au point qu' chacun dit : — Ch'n'est pus bon;
J' n'in veux pus pou tros francs chinquante.—
Thérèse intindant cha, les plante
Comme eun' *méd'cin*, sans les r'mercier,
Et queurs bien vite à s'n épicier,
Qui est boucher et même orfève.
— Habil' ! qu'ell' dit, servez-m' du g'nève
Et puis du gras d' lard pour dix sous ;
V'là mes chinq francs, t'nez, payez-vous.—
Mais l'aut' qui connaichot l'affaire,
Soit par farce ou croyant bien faire,
Li rind tout simpeulmint quat' francs.
— Ah, cha, que'ell' crie, roi des chalands !
Non-seul'mint vous gardez l' discompte,
Mais vous n' me donnez point min compte;
Vous m' rindez su quat' francs dix sous.
Et l' restant ? — L' restant ?... est *dissous*...

UNE CHANCE DE CHEVAL

A l' dernièr' ducasse d' Ronchin,
Louis, l' meunier d'un rich' molin,
Qu' les *bruants* mèm' doiv'nt bien connaîte,
Au grand galop deschind d' l'aubette,
Infourche un biau gros qu'va d' brasseu
Et file, in barbotant tout seu...
L' pauv' garchon, in plein dîner d'fiètc,
Avot dù laicher là s'n assiette
Pour faire à Lille eun' commission,
Qui n'accordot point d' rémission,
Puisch' que l' méquenne apportot l' tarte
Juste au momint qu' fallot qui parte...
A peine in rout', quoiqu' fort pressé,
I s'arrète au bord d'un fossé
Pou v'nir in aide au p'tit Eustache,
Chargé d'un sa trop lourd pou s'n àche.
— Garchon, dit Louis, met tin sa
Et tin *derrièr'* su l *cu* d' min qu'va;
Cha n' li s'ra point bien difficile
D' nous porter tous les tro' à Lille.—
Aussitôt fait, les v'là partis;
Mais su l' bord du fourbou d' Paris,
Louis, veyant tout l' mond' sourire,
Se r'tourne, et part d'un éclat d' rire
In admirant sin compagnon
Qui, pus fraiqui qu'un barbillon,
Avot r'chargé l' sa su s'n épaule.
L' meunier s'écrie : — Mon Dieu ! qu' t'es drôle,
Eustache, on d'vrot fair' tin portrait,
Cha s'rot ch'ti d'eun' bièt' tout-à-fait.—
— Ch'est bon, Louis, fait's vou n'affaire,
Répond Eustache, et laichez m' faire :
Ch' pauv' queva est assez querqué
Sans li fair' porter min sa d' blé.

UNE CAROTTE DE SOLDAT

In soixant'-tros, l'garchon Totor,
Croyant sur mint rouler su l'or,
S'ingageot dins l' chinquant'-neuvième,
In garnison à Angoulême.
Mais ch' n'est point tout chuc d'èt' soldat;
On n'a point tout d' suite un combat
Qui vous fait gagner d's épaulettes,
Et souvint l' rue des Tros-Molettes
A v'nu li mette eun' larme à l'œil.
Aussi malgré s' cran'rie, s'n orgueil,
L' pauv' garchon a suché sin pouce
Pus d un Dimanche, l' cu in prousse
Su l' banc d'eun' cour, ou d'un gardin;
Et n' povant pus fair' sin malin
Dins les bal et cafés de l' ville,
I s'a fait *carottier d' famille.*
Sin grand'-père, s'n onqu', ses cousins
Ont teurtous passé par ses mains;
Ch'est à tel point que d'puis s' dernière,
Ses lett's sont r'fusées par sin père...
V'là l'histoir', du reste, in peu d' mots :
Aprè' avoir, comm' gramint d' sots,
Marqué su sin papier : — *J' vous aime,*
Et qu' la présent' vous trouv' de même,—
Pour finir pa d'mander vingt francs,
Comm' *poss'criptum,* in mots bien grands,
L' capon n'a-ti point eu l' hardiesse
D' finir par cheull' scélératesse :
— Min brav' père, j' rougis tell'mint
D' t'*imprunter* incore d' l'argint,
Qu' de l' boît' j'ai volu r'tirer m' lette,
Mais l'imployé n' veut point m' le r'mette.

UNE TÊTE DE FEMME A LA MODE

Eun' bonn' femm', dit-on, n'a point d' tiête :
Faut avouer qu' ch'est un peu biète,
Car si n' s'rot point l' roi des minteux,
Ch' dicton nous rindrot bien peineux.
Quoich' que l'homm' f'rot d'eun' femm' sans tiête ?
Aussi faut point qu' cha vous imbiète,
J' vas vous indiquer naïv'mint
L' moyen d' fair' pour bien peu d'argint,
Eun' biell' tiête d' femme à la mode;
Vous verrez qu' ch'est simple et commode;
Peurnez tros onches d' crin bien fort,
Dije-huit crochets, les ch'feux d'un mort,
Un minc' filet, de l' coll', de l' graisse,
Mêlez tout cha avec adresse
Et v'là l' coiffur'.... ch'est l' principal;
Après, dins du noir animal,
Délayé avé d' l'huil' d'olive,
Trempé eun' pleum' mouillé' d' salive,
Avec cha vous f'rez deux grands yeux
Pleins d' tintation, et malicieux;
Un p'tit p'loton d' morciaux d'ivoire
Vont vous bâtir eun' rich' machoire
A croquer vingt pièches d' chinq francs,
Pus vit' qu'eun' douzain' d'ortolans,
Du rouch' vous f'ra deux grand's orelles,
Comme l' bon Dieu n' fait point d' parelles;
Et si vous n' volez point d'affront,
Vous pinturlurez l'piau du front,
Du minton, des joue' et des lèves
Avec de l' poudre d' riz, ou d' fèves...
Mais l' nom d' l'objet qui m' fait souffrir,
Et qui sott'mint sert à couvrir
Tous ches *grâces* d' contrebandière,
Faut-i vous l' dir' ?... *Ch'est eun' mus'lière !...*

UNE NAIVETÉ DE MARIN

SOUVENIR D'UN TRAIN DE PLAISIR.

L'été, chaqu' Dimanch' qu'on se r'pose,
On peut vir la mer pour peu d' cose.
L'un appell' cha des trains d' plaisi
Et l'aute eun' journé' d' déplaisi ;
Mais l' titre n' fait rien à m'n histoire.
Donc, un biau jour, avec Victoire,
S'n amoureux et l' famill' Langlais,
Nous prenons l' train d' plaisi d' Calais.
Sitôt débarqués dins cheull' ville,
On s' paie un bain d' mer in famille ;
Après, pour povoir faire l' fier
A dir' qu'on a été in mer,
Dins l'un d' ches p'tits batiau' à voiles,
Deux heure' *inteur l'iau et l's étoiles*,
Nous savons dorlotté douch'mint;
Mais p'tit à p'tit vient l' tremblemint.
Au r'tour, v'là l' mer furieus' qui monte,
Et chacun d' nous *rind sin p'tit compte*;
A l'exception d' ches vieux zouzous
Qui, les capons, riottent d' nous.
L'affair' passée, afin d' me r' mette,
J' di au marin, qui m' semblot l' maite :
— Cheull' tempêt' n'a point l'air vraiment,
Comm' nous, d' vous effrayer gramint;
Et vous n' craignez point d' *perd'* du monde? —
Min brav' loup d' mer, avant d' réponde,
Fait passer s' chique d' l'aut' côté,
Et dit : — Jamais ch' malheur m'est arrivé :
L' semain' dernière, un *grain* semblable
A j'té homme' et batiau su l' sable;
Cha nous a fait perde un marin...
Mais, *nous l' l'avons r'trouvé l' lind'main.*

UNE AUTORISATION VERBALE

J' réponds qu' vous n'êt's point sans connaître
L' héros de m'n histoir', gard'-champête
Du biau villach' de... cache après.
N'dit's point qu' ch'est eun' blagu' faite esprès,
Car pour prouver qui n'y a point d' frime,
J' pourros dir' les noms de l' victime,
Riche et vieux négociant r'tiré
Qui habite l' rue Saint-André.
Infin, qu' che sot dins vou mémoire
Ou non, in deux mots, v'là l'histoire :
L' biau frère de m'n homme a hérité
D'eun' bielle et grand' propriété
Intouré' d'arbe' et d'eun' rivière;
Magnifique et giboyeuss' tierre,
Défindue au pus p'tit chasseur.
Sans façon, avec l'homm' de s' sœur,
M'n ancien négociant, que rien n' gêne,
Chaqu' jour abattot par dijaine,
Perdreaux, bécass's, lièv' et lapins,
Mais, un jour, intre deux sapins,
L' garde li d'mand' sin permis d' chasse ;
L'aut' li répond d'un air bonasse :
— Vous savez que j' n'aim' point qu'on rit,
Intre biaux-frèr's faut point d'écrit,
J'ai s'n *autorisation verbale* ;
Ne v'nez donc pus fair' de scandale.—
L' gard'-champête, in méchante humeur,
S'écrie : — Quoich' que ch'est, vieux farceur,
Eune *autorisation verbale* !
Assez ! pour mi l' cos' principale
Dins ch' l'affair', ch'est un bon papier,
Verbal ou non, faut me l' moutrer !

LE MOT DU GÉNÉRAL CAMBRONNE

L'histoir' qui faut que j' vous raconte
N'est point, croyez-le bien, un conte
Trouvé dins m'n imagination,
Pour attirer vote attintion,
Ch'est arrivé dins l' ru' de l'Barre,
Chez un homme rich', maïs si avare
Que s' famille n' voulot pus l' vir,
Et ses domestiqu's pus l' servir.
A l'exception d'eun' gross' fillette;
Bonn' cuisinièr' qui li t'not tiété,
Tous les huit jours fallot canger.
Cheull' fill', pour li faire à minger,
Chaqu' semaine r'chevot d' sin maîte
Chint francs; mais sitôt chaque implette,
Ell' le marquot sur un cal'pin,
Sans rien passer, même un p'tit-pain.
Un biau jour, conte s'n habitude,
Sin maît' li fait dir' par Gertrude
Qu'il a six personne' à dîner,
Et qui fallot bien cuisiner.
Comm' tout' bonn' servante d'vros l' faire,
Ell' fait d' sin mieux pou l' satisfaire;
Mais l' surlind'main, l' petit saclet
Etot vide, et rien dins l' buffet.
Ell' s'in va donc trouver s'n avare
Dins sin salon, et li déclare
Qu'ell' n'a pus d' doup's pour acater
D' quoi faire l' pus p'tit déjeûner.
L'aute s' lève et d'eun' voix furieuse
Li dit : — Quoich' t'as fait, malheureuse ?

Nous somme' au vindeurdi seul'mint,
Et t'os' dir' que t' n as pus d'argint !
Je n' te donn'rai point un rouch' doupe,
Pour fair' même eune éculé' d' soupe.—
Cheull' brav' fill' répond sans bouger :
— Alors quoich' que j' f'rai pour minger ? —
Sin maîte, in v'nant tout bleu, raisonne
Un mot que l' général Cambronne
A soi-dijant dit aux Inglais,
Avant d' morir in brav' Français.
— Très-bien, monsieur, répond l' servante,
Qui n'est point sott', comme ell' s'in vante,
V'là pour vou table *un p'tit séquoi,*
Ach't'heur' pour nous aut's donnez d' quoi.—

L'ERREUR D'UN CHARCUTIER

Un jour, à l' messe, un charcutier
A fait l' bétisse d' s'oblier :
N'a-t-i point ronflé su s' quayère,
In laichant quer sin live à tierre !
Vous d'vinez qu' pus d'un paroissien
Allot s' fâcher, même l' *cach'-quien.*
Fort heureus'mint pour tous, v'là l' cloque
Du p'tit clerc qui deux fos beurloque ;
L'aute, s' croyant probabeulmint
Dins l' fond de s' boutique à ch' momint,
D'un saut s' réveille et d'eune rud' voisse
S'écrie : — On y va, la bourgeoisse.

LE FROMAGE ET LE CHAPEAU

Un jour, je r'partos d' Valenciennes,
Où sûr'mint j'avos fait des miennes,
Car autour de mi tout marchot,
Et j' sintot que m' tiête' balochot.
Tant bien qu' mal j'arrive à la gare,
J' boscule l' chef, sans crier gare,
Et me v'là dins l' premier wagon,
Sans m'informer si ch'étot l' bon.
Heureus'mint, j'étos dins l' train d'Lille
Car j'y ai dormi fin tranquille
Jusqu'à m'n arrivée à Somain.
Eun' gare où j' devos canger d' train.
Je n' sais si ch'est l'air ou l' somme,
Eun' fos là j' n'étos pus l' même homme ;
Aussi j' me rappell' parfait'mint
Qu' dins min nouviau compartiment
Nous étim's tros, point davantache :
Un monsieur, l'air hautain, sauvache ;
L'aut' m'a paru un paysan
Qui va déhors eun' fos par an
Faire eun' provision d'outillaches
Qu'on n' trouv' point dins les p'tits villaches,
Car il avot tout d' sort' d'objets :
D's otieux, des rouleaux, des paquets,
Et tout cha fourré sous l' banquette...
Intortillé d'eun' vieill' gazette.
Il avot d' plus, in face d' li,
Un d' ches bons vieux fromach' d'ami
Qui march'tent tout seu sur eun' table
Et dont l'odeur est détestable.

L' monsieur, quoiqu'étant raniché
Dins sin coin et presque couché,
Dijot toudis : — Mon Dieu ! queull' peste !
Ch'est impossible qu'on y reste;
Quoich' qui n'y a dins ch' compartimint ? —
Sachant d' quoi, j' rios tout bonn'mint
Et l' paysan faijot du même,
Mais l' monsieur d'eun' colère estrème,
Forch' de r'nifler avec action,
Découvre l' fromache in question.
I saute d'ssus sans rien nous dire,
Et, d'eun' rache à n' povoir décrire,
V'lan ! invoi' l' fromach' dins l' fossé...
Me v'là pas mal imbarrassé.
J' m'attindos d' vir lancer des claques
Aussi grosses qu' dins les baraques.
Point du tout. L' malin paysan
Avot d'jà tiré sin p'tit plan :
Loin de s' fâcher, i voulot faire
Comm' si n'avot rien vu d' l'affaire.
Mais, pindant qu' l'aut' ronflot d' nouviau,
Je l' veyot r'vettier sin capiau
Tout à fait d'eun' dròl' de manière...
A s'clin, i s'approch' de l' portière,
Deschind l' vasistas tout douch'mint,
Impoingne ch'nenf capiau viv'mint
Et l' jett' su la voi', d'un air mache,
In criant : — Va quer min fromache...—

UN CALEMBOURG DE LAPOUSSIÈRE

Parmi les célébrités d' Lille,
Qui d'puis trinte ans roul'nt dins cheull' ville,
Vous avez connu, tout comm' mi,
Voyageur, Signal, Monnini,
Et, bien intindu, *Lapoussière* ;
Ch'est d'su ch'ti-chi qu' d'eun' biell' manière
On m'a l'auteur jour raconté
Eun' séquoi tout plein d' vérité,
Comme j' l'ai r'chu pour historique,
Et qu' ch'est eun' cosse assez comique,
J' vas vous l' répéter naïv'mint,
Sans y faire l' pus p'tit cang'mint :
Lapoussière, dès sin pus jeune âche,
In flânant su l' marqué de l' Plache,
Avot l' talent d'escamoter
Les p'tit's pièch's qu'on laichot traîner.
I n' craingnot rien, ni Dieu, ni diable ;
Tros s'main's par mos, cosse invariable,
I s'in allot, sans pu d' façon,
Coucher tout seu au violon.
Ic v'nant pu vieux, l' correctionnelle
N'a pus pris cha comm' bagatelle,
Elle a jugé qu' sin d'voir étot
D' punir autant qu' l'âche augmintot ;
Si bien qu'eun' fos l' président s' fâche
Et qu'minche à li dir' tout in rache :
— Lapoussièr', v'là l' dix-septième fos
Qu' vous paraissez d'vant mi, et j' vos,
Malheureus'mint, toudis l' mèm' rince,
Un garchon bon à rien, qui n' pinse
Qu'à commett' des méchante' actions
Qui nous donn'nt des tribulations.

Mais comme j' veux faire un miraque
In n' vous offrant pus in spectaque,
Jurez-nous de n' pus r'commincher,
Et nous allons vous acquitter.—
— Présidint, répond Lapoussière,
Je n' prindrai point d' porte d' derrière;
Un avocat m' coût'rot trint' francs
Pour parler de l' pleuv', du biau temps,
Au sujet d'un vol de carottes,
Qui mérite à pein' tros calottes,
Mi j' n'irai point par quat' quemins.
J' n'ai qu'eun' définse inteur les mains
Qui n' pourra point vous satisfaire,
Car, malgré chin qu' vous pourrit' faire,
Vous arez du ma d'impêêher
Un jour *Lapoussière d' voler.*

UNE DAME DE COUR

— Mais quoich' que t'es dev'nu, Rosa,
Dijot l'aut' fos l' grande Elisa
A l' femm' qui rintrot dins s' boutique;
Je n' te vos pus, j' n'ai pus t' pratique
Pou t'n épicerie et tin carbon,
Tout cha pourtant n'est point moins bon.
Tant qu'au paiment j' sus fort coulante.
— Te vos d'vant ti eun' commerçante !
Répond Rosa orguilleus'mint;
J'ai monté un établiss'mint
A l'intré' de l' cour des Elites:
J' vind des chucate' et des poir's cuites.
M'n imbition a r'clamé l' grand jour,
Et d'puis quat' mos j' sus *dam' de cour !*

LES PAINS PERBOLES

Si l'histoir' que j' m'in vas vous dire
N'a point l' mérite d' vous fair' rire,
Faudra point m'in voloir pour cha,
Car ell' n'est point fait' dins ch' but là.

Ch'étot pindant l' semaine d' Pâques,
In tournant l' coin de l' ru' d's Etaques,
J' vos v'nir eun' jeun' fillette in blanc,
Joyeuss', comm' peut l'ête un infant
Qui, r'habillé des pieds qu'à l' tiête,
Est fier de moutrer s' biell' toilette
L' jour mêm' d'eune aussi douche action,
Comm' faire s' premièr' communion.
On veyot dins ses p'titt' menottes,
Comme on vot du reste à tous l's autes,
Eun' boît' tout' rond', pleine d' bonbons,
Et derrière ell' pus d' dix garchons
Qui v'nottent d' sortir de l'école,
Braillot'nt : — *Un...p'tit...pain...par...bole!* —
J' m'arrête in l's intindant crier,
Et soupirant comme un rintier
Qui vot dins l' feuill' que l' bours' rabache,
J' m'adresse à mi-même ch' langache :
Les pains parbol's, mes pauv's infants,
Sont comme l's habits d' l'incien temps :
On n'in veut pus, cha n'est pus d' mode ;
L'imbition trouv' bien pus commode
Ches p'tit's boîte' in carton doré,
Rimpli's d'un amidon chucré,
Qui laiche un méchant goût dins l' bouque
Tout comm' lorsqu'on avale eun' mouque...

Pauv' pains parbole' l étant gamin
Combien ch' qui m'ont fait fair' de qu'min !
De l' Plachétte à l' porte d' Béthune,
J' les poursuivos comme l' fortune ;
Situt qu'eune communion passot,
Pleufe ou bedoul', rien n' m'arrètot,
Répétant cheull' phras' tant courue,
Souvint pus d' chint fos dins l' mêm' rue,
J' dev'nos poussif forche d' crier ;
Et quand pou n' pus m'intind' brailler,
L'infant me j'tos d' sin pain épice,
Je l' mingeos avec tant d' délice.
Que j' trouvos cha gramint pus bon
Qu'eun' tranque d' pâté ou a' gambon.
Je r'venos crotté jusqu'à l' tiète,
Mais l' cœur gai comme un jour de fiète ;
Si j'avos de l' triqué in rintrant,
Ou qu'on m' maltraitot d' sal infant,
J' rios des cops, comm' des paroles ;
J'avos mingé des pains parboles !!!
Heureux temps ! qu' je r'grett' bien souvint ;
Mais ch'est fini, malheureus'mint,
L' pain parbole, d'puis quéqu'années,
Est rimplaché par les dragées.
Pourtant nos pâtissier' in r'nom,
Pour conserver s' réputation,
S'avott'nt, on peut l' dire, mi in quate...
D'un pain épic' couleur grisate,
Composé d' seigle et puis d' chirop,
I n' m'avottént fait d'un seul cop
Un véritable mingér d' prince,
D'un bon goût, d'eun' bielle apparince.
Je n' n'ai quéqu'fos mingé un chint,
Sans craint' d'èt' traité d'innochint.
Malgré ch' perfectionn'mint si sache,
Les pains parbole' ont fait naufrache...
On vous dit qu' ches boîte' in carton
Ch'est meilleur genr'... mauvais' raison ;

Ch'est l' côté moral de l'affaire
Qui dot parler, et l' genre s' taire,
Car dins cheull' pât', je l' dis franch'mint,
On trouv'rot pus d'un inseign'mint.
Je n' cont' point là des fariboles;
Vous savez bien qu' les pains parboles
N'étottént point pu' élégants
Pou l' riche qu' pour les pauv's infants ;
I's avottént teurtous l' mèm' forme :
D'eun' tournur' ni laid' ni difforme,
On les r'chevos dins les salons,
Comm' dins les caf's, sans pus d' façons.
Aujord'hui, ch' n'est pus cha. L' jeunesse,
Mèm' pu' orgueilleuss' que l' vieillesse,
Veut qu'on l' distingue à chaque objet.
L' jour de s' communion, l' marmouzet,
Avé s' boît' pauveurmint garnie,
R'vett'ra in-d'ssous, d'un œil d'invie,
L' petit coff' bien doré, r'luijant,
Qu' ten'ra dins s' main un riche infant...
O vanité ! te v'là joyeusse !
T'as rindu l' jeunesse imbitieusse;
Mais te n' m'ôt'ra point de l' raison
Que l' pain parbole avot du bon;
Et j' cri' bien haut ches vieill's paroles :
I sont morts ! Viv' les pains parboles !!!

LES LUNETTES

Un bon gros paysan d'Enn'tière,
Gramint pus fort su les peun'tierre
Que d'sus l' pus p'tit' malicieus'té,
Inrageot d' vir à sin côté

Des gins qui s'amusott'nt à lire.
— Ch'est point marronnant, qui v'not dire,
Point mèch' de rien débarbouiller ;
Sitôt que j' mets l' nez su ch' papier,
Je n' sais point si ch'est m' vu' qui s' trouble
Ou tout auteur coss', j'y vos double.—
Un aut' paour, pus futé qu' li,
D'vinant fin bien sin paroli,
Répond l'aut' fos de s' pus bieill' voisse :
— Mais, fieu, vas-t-in rue Escrémoisse,
Tel niméro, chez tel marchand,
T'n affair' s'imboît'ra comme un gant.
N' vett' poin' au prix, et su m' parole
Te lira comm' nou maît' d'école.—
Ch' conseil l'a tell'mint satisfait,
Qu'aussitôt dit, aussitôt fait.
Courant comm' s'il avot les v'nettes,
Il arriv' chez l' marchand d' leunettes,
Et d'mand' qu'on li serve au galop
Eun' séquoi pour lir' comme i faut...
L' marchand li étal' des bésiques,
Qu' l'aute essai' sans faire d' répliques.
Dich', vingt, trint' pair's, li pass'nt su l' nez ;
— Ch'est drôl', qui dit, vous m'in donnez
Des p'tit's, des grand's, des minc's, des grosses
Et j'y vos toudis les mêm's cosses,
Tout bonn'mint du noir su du blanc.—
Vous d'vinez l' colèr' du marchand
Qui avot moutré tout s' boutique.
Infin, lassé d'eun' tell' pratique,
Et d'eune aussi sott' position,
L'invi li prind d' fair' cheull' question :
— Mais, brave homme, savez-vous lire ?—
Min paysan le r'vett' sans rire,
Pus prêt à s' fâcher qu'auteurmint,
Et li répond su l' mêm' momint :
— Si j' savos lir', bétat qu' vous êtes,
J' n'aros mi b'soin d' mett' des leunettes...—

UN MANQUE DE MATIÈRE PREMIÈRE

Au mitan du villach' d'Attiche,
Et juste in fac' de s' vieille égliche,
S' trouve eune' since avec un puriau
Su l' devant... ch' n'est ni bon, ni biau,
Mais cha n' fait rien. L' petit Natole,
Un mardi, in sortant d' l'école,
S' plante à crou-crou su l' mont d' feumier
Et, brav'mint, qu'minche à madouiller
L' crott'lin d' queva et l' bouss' de vache,
Comm' l'ouveurier qui œuve à l' tàche.
Quand il a eu bien ratassé
Tout chin qu'il avot ramassé,
Avé ch' mortier d' nouviell' nature,
I fait l'égliche in miniature...
I v'not d' coller sin dernier ta,
Lorsque l' Curé sort du porta...
Ch' brave homm' vette in d'ssous ses leunettes.
Et s'écrie : — Anatol', vous êtes
Et vous d'viendrez un rich' garchon;
A l' plache d' juer au bouchon
Avec les capenoul's du villache,
D' casser les carreaux d' vit' de l' plache,
D' grimper su les jeun's peupliers
Et d' détrousser les poulaillers,
Comm' nos bons ouveuriers d' bâtisse
Vous ouvrez-là in grand artisse !...
Marchez, jeune homme; mais ch'est égal,
Il y manqu' l'objet principal...
Vous savez qu' sans curé, l'égliche
N' vaut point pus qu'un bâton d' régliche...
V'là l' pied d' l'autel... Fait's-moi là-d'sssus,
Allez-y d' bon cœur, je n' boug' pus...

L' petit Natol' rit d'un air biète,
Et répond, in farfouillant s' tiète :
— Vou portrait craché, je l' f'ros bin
Monsieur l' Curé... mais j' n'ai pus d' *brin.*

UNE RÉPONSE DE GAMIN

Un jour, in passant dins ch' désert
Qu'on appelle l' plach' du Concert,
J'ai fait comme on dit l'amusette,
Pour vir quoi ? juer à l' *tempête.*
Vous direz qu' ch'est un trait d' garchon,
J' l'avou' mi-même', mais ch'est si bon
L' souv'nir qui nous r'porte au jeune âche..
Pour abréger min bavardache,
Faut qu' vous sachiez qu'un des gamins
Faijot l'*étrivette* à plein's mains ;
Je l' veyos, mais j' voulos rien dire ;
J' m'ai tout bonn'mint continté d' rire,
Quand un aut' veyant ch' l'aplopin
Tricher, li invoie un *papin,*
In ajoutant, dins s' noir' colère :
— Cré *bourcelòt !* vas quer tin père
Pour li te r'vinger de ch' cop d' poing ;
Cha t' s'ra difficil', tè n' n'as point.—
L'aute d'vient d'un rouche écarlate,
Et répond à sin comarate :
— T'os'ras dir' que j' n'ai point d' pèr', mi !
Capenoul, *je n' n'ai pus qu' que ti...*

LE PENDU DE LEZENNES

Vous connaichez l' commun' de L'zennes,
Si bien r'nommé' pour fair' des siennes,
Avec ses carrièr's, ses pinchons
Et ses batalle' inteur garchons ;
Eh bien, au mitan de ch' villache,
Dins l' sinc' qu'on trouve à droit' de l' Plache,
J'ai connu dins l' temps deux varlets,
Deux vrais paours, joufflu' et laids :
L'un s'app'lot Christin, l'aut' Batisse ;
Ch' dernier étot toudis fort trisse,
Par suit' d'un amour malheureux,
Comm' sont sujets tous l's amoureux.
Il in résulte que s' tristesse,
Un dimanche à l' sorti' de l' messe,
L' mène au bord d'un fossé plein d'iau,
Qui s' trouve à l'intour du Catiau,
Et voulant terminer s' carrière,
Le v'là d'dins pour noyer s' misère.
Mais sin comarat' qui l' suivot,
Avecque s' fourche qu'il avot,
Le r'pêque avant qu'il eut bu s' tasse ;
Par malheur, Batisse étot lasse
D' l'existence qui l' faijot souffrir :
N' trouvant rien d' mieux pour in finir,
I queurt tout sin pus vit' à s' granche,
D'ùch' qu'il étot certain d'avanche
D' trouver eun' corde à nœud coulant...
Et crac ! i s' pind comme un vrai gland.
Chin qui n'y a d' comiqu' dins ch' l'affaire,
Ch'est qu' sin chochon le r'vettiot faire
Sans rien intreprind' pou l' sauver.
L' pauveur diable v'not d' trépasser,

Lorsqu'arrive l' maite d' leu since :
Ch' tableau l' rind furieux, comme on l' pinse;
Il attrap' Christin pa les ch'feux
Et s'écrie : — Gueurdin ! brigand ! gueux !
Te laich' tin comarate s'pinde !
Pa l' gard'-champête j' vas t' fair' printe !
— Nou mait', qui répond tranquill'mint,
Faut qu' vous suchiez bien pris mag'mint
Pour nous dire eun' parell' bétisse,
J' viens de r'tirer d' l'iau ch' pauv' Batisse,
Et s'il est v'nu là s'accrocher,
J' devin' bin qu' ch'est pou s' fair' séquer.

UN ORPHELIN

Un jour, aux assises d' Douai,
On jugeot sans aucun délai
Un jeun' brigand qui, par colère,
Avot tué sin père et s' mère.
Pour un tel crim', ch'étot certain,
Il allot passer l' goût du pain ;
Cha s' lijot bien su les visaches.
Mais tout s'a fait suivant l's usaches :
L' défenseur, à l' suite des témoins,
A jaboté deux heure', au moins,
Pour li garder s' tiêt' su l's épaules.
Après ch' déluche d' biell's paroles,
Et tous les répliqu's d'eune aut' part,
L' président d'mande à ch' grand gueusard
S'i li reste eun' séquoi à dire
Avant que l' tribunal se r'tire :
— Les jurés, répond ch' l'assazin,
Aront pitié d'un orphelin.—

L'HOMME HEUREUX

Un d' ches homm', à l'humeur bizarre,
Rich' comm' Crésus, sans ête avare,
N'avot jamais pu réussir
A s' rinde heureux d'après sin d'sir ;
Tout l'innuyot : plaisi, prom'nate;
L' bonn' chèr' même l' rindot maussate...
Un jour qu'il étot pus grognon,
I queurt chez eun' sorcière in r'nom
Et li raconte s'n avinture.
L'aute, r'nifflant quéqu' bonn' capture,
Impoingne aussitôt sin grand ju,
Bat ses carte' et dit tout cru :
— Cheull' dam' de cœur su l' valet d'pique,
M'annonche qu' l'imbition vous pique,
Qu' malgré les doupès qu' vous avéz,
Et l' biell' position qu' vous s' trouvez,
Vous n'êt's point pu heureux qu'eun' pierre,
Ou qu'eun' carp' sur un camp d' peun'tierre.
Il in résulte tout bonn'mint,
Que j' vous r'tourn'rai difficil'mint ;
Mais comme ichi l' destin m'inspire,
Si vous fait's bien chin que j'vas dire,
Pour sûr tout combeulra vos vœux...
Trouvez d'abord un homme heureux,
Qui n' désire rien, pauve ou riche ;
A tout prix possédez s' quemiche.
Aussitôt qu' vous s'in s'rez vêtu,
Quand l' diabl' s'rot l' double pus têtu,
J' li défind'rai bien par la suite,
D' vous faire invier même eun' poir' cuite.—
Le v'là donc parti fin joyeux
Pour fair' la chasse à l'homme heureux :

I fouill', visite à tous les plaches,
Palais, catiaux, ville' et villaches;
Pas pùs d'heureùx que d' bur' su m' main.
Les mill' défauts du genre humain
S' lijott'nt tout partout in grand's lettes
Su les pauve' et les rich's toilettes.
Désespéré d' sin peu d' succès,
I r'venot trisse', les bras croisés,
Lorsqu'in traversant l' forêt d' Raime,
I trouve accroupi sur li-même,
Un bùch'ron qui vivot dins ch' bos,
Comm' les lapin' et les mulots.
Un quien, l' véritable ami d' l'homme,
Est l' seul habitant d' sin royaume;
L' solei', l' grand air, la liberté,
Li apportot'nt joie et santé.
Quoiqu' pauv' comm' Job, sin p'tit coin d' tierre
Li fournichot tout l' nécessaire.
I n'inviot rien, n' désirot rien :
Richesse, amour, ni ma, ni bien ;
Infin ch'étot chin qu'on appelle
Un homme heureux, un vrai modèle.
Min vieux Crésus venot d' trouver
Chin qu'il étot lasse d' cacher.
I s'y prind donc de l' biell' manière
Pour avoir l'objet où l' sorcière
Avot rinfermé tout s'n espoir,
Hélas ! point moyen de l'l'avoir.
Malgré l'or dont i n'est point chiche,
Cadeau, m'nac', promess' bielle et riche,
Rien n'a pu continter s'n orgueil ;
Il est parti la larme à l'œil...
L'homme heureux n'avot point d' quemiche.

UN MANQUE DE RÉFLEXION

Vous savez qu' lorsqu'on nous raconte
Eun' longue histoire, ou un p'tit conte,
On exagèr' tout chin qu'on dit,
Cha s'appell', fair' mousser l' récit,
Quand cha n' fait point dire eun' bêtisse;
La preuv', ch'est qu'un jour, chez Meurisse,
Un Calaisien dijot grav'mint
Qu'à l' fiêt' du Noé, d'puis longu'mint,
L' messe d' minuit s' dijot dins s' ville,
Quoiqu'on l' supprimot, même à Lille.
Un graingnard, pou l' fair' jaboter,
Dit : — Quoich' que te viens nous conter !
Calais n'a jamais vu cheull' messe.—
L'aut' répond, in buquant su s' fesse :
— Te n' m'apprindra point cha, quéqu'fos,
J'y ai été pus *d' deux chints fos*...

L'EXPLICATION D'UN CYGNE

Un biau Cygne, aussi blanc qu' soyeux,
Forchot d'admirer s'n air gracieux
In plein' rivière d' l'Esplénate.
Un tout jeun' gamin in prom'nate
Li j'tot des gross's boulettes d' pain,
Roulé's d'avanch' dins s' petit main.
I s'arrêt' tout à cop pour dire
A sin pèr', qui l' vettiot sans rire :

— Qu'mint ch' qui s'appelle, ch' biau pichon ?
— Cheull' biète est un Cygn', min garchon...
T'os' faire eun' demande aussi drôle,
Dit l' père, après tros ans d'école ?
— Queu *signe* ? ajoute incor' l'infant,
L'orell' tindue et triomphant...
— Mai' un *Cygn' d'iau*, p'tit anicroche !
— Ah ! oui, j' comprinds, répond l'mioche,
Pour étaler tout sin savoir;
Cha nous indiqu' *qui va pleuvoir*....

LE SAVETIER ORATEUR

In soixante-dije, un vieux chaf'tier
S' dijant l' pus malin d' sin métier
Et l' pus biau parleu de l' Mad'leine,
In plein club installé su l' plaine,
Discourot su l' gouvernemint
Et su *les cuirs* principal'mint.
N' pouvant point s' fair' comprinde à s'mode,
Car ch'étot point du tout commode,
I touss', jur', crache... et reste in plan.
Un tailleur, là d'ssus, prind s'n élan;
Tant bien qu' mal arrive à l' tribune,
Et dit d'un ton qui sint l' rancune :
—Il est temps que j' vienche à tin s'cours,
T'as perdu *l' fil* de tin discours,
Et tin parlach' nous fait de l' peine.
R'prins *t'n halein'*, François, r'prinds *t'n haleine.*

UNE MAUVAISE PRÉDICTION

Un sinciér dn villache d' Loos,
In société d'un vieux Lillos,
Etott'nt à boir' des chop's de bière
Au cabaret du *Grand Saint-Pierre*,
Par eun' caleur de trint' degrés,
A n' point mette un quien su les grés.
L' paysan n' parlot que d' ses tierres,
Pus dure' et pus secs que les pierres,
Et l' Lillos, n'in faijant point d' cas,
S' délamintot su les tracas
Qu'il avo'-eu dins sin ménache,
Avant les *doucheurs* du veuvache.
Malgré cheull' sott' conversation,
Quoique n' prêtant point d'attintion
A tous les bétiss's qui dijottent,
J'aros juré qui s' compeurnottent
Forch' qui s' donnott'nt des poigné's d' mains,
Des tap's dins l' dos, des bajott'mints ;
Mais vous d'vinez bien qu' ches caresses,
Et tout ch' bataclan d' politesses,
Avott'nt pris racin' dins l'houblon.
Infin, après tros heur's de lon,
I s' lév'tent raid' comm' la justice ;
Puis n' voulant point fair' d'injustice,
D' vingt-huit chop's paitt'nt chacun leu part,
Et v'là mes deux gins su l' départ,
In r'queminchant leu bavardache.
A peine in route, eun' pleuf' d'orache
Quait du ciel à tirlarigo :
Eun' sellé, quoi, sur un caillo.
Min paysan veyant ch' déluche,
D' jubilation saut' comme eun' puche,

In s'écriant : — Queull' joi' pour nous !
Chaqu' goutt' ch'est eun' pièche d' dix sous;
De ch' cop, *tout va sortir de tierre* !
Mais fraiqu' comm' sortant de l' rivière,
L'Lillos in intindant ches mots,
D'un seul bond saute d'ssus sin dos
Et te li flanque l' pus biell' trique
Qu' n'a jamais r'chue un quinzeurlique.
L'aut', in s' défindant d' tout sin mieux,
Dijot : — Quoich' que t'as ? Quoich' te veux ?
— Quoich' que j'ai ? Quoich' que j' veux ? Grand rince !
Ah ben ! tin toupet n'est point mince !
On d'vrot t' brûler comme un fagot !
Sorcier ! capenoul ! saligaud !
M' dire qu' tout va sortir de l' tierre,
Sachant qu' j'ai *deux femm's dins l' chim'tière* !

UN APPRENTISSAGE D'ARTISTE

Un *figurant*, artiste in herbe,
Dont l' fill' s'étal' fière et superbe
Su les trottoirs du déshonneur,
Un vindeurdi avot l'honneur
De t' nir, au Grand-Théâte d' Lille,
Un rôle on n' peut point pus facile...
Au passach' d'un roi fort galant
I n' devot qu' dire, in s'inclinant :
— *Sir' Vot' Majesté est bien bonne...*
Ch'est simple... Et sans l'aide d' personne
I l' répétot vingt fos par jour...
L' soirée arrive, et ch'est sin tour.
Mais, vas t' faire fiche... Adieu sin rôle,
S'bouqu' n'a pu dire qu'eun' séquoi d' drôle.
Si bien qu'Hinri quat' pass' viv'mint,
In faijant sin p'tit complimint
Et l'aut' d'eun' forte voisse intonne :
— *Majesté, vot' sire est bien bonne...*

UNE PREUVE D'AMOUR

L'un d' vous aute' a connu l' gros Pierre,
Qui dins l' temps vindot des peun'tierre
Dins tous les ru's d' Lille, in criant :
Comme un sourd : — Tout chaud ! tout boulan
Ch' pauve homm' vient d' morir d'eun' flèv' caut
Vieux garchon, mais ch' n'est point de s' faute,
Car tous les filles d' Saint-Sauveur,
Bielle' ou laide' ont fait batt' sin cœur,
Et si cha peut vous riud' bénache,
Parmi les chints d'mande' in mariache
Que ch' l'homme a fait sans réussir,
J' m'in vas bien vit' vous in queusir
Eun' des pus drôle' à m' connaissance,
Qui vous f'ra juger d' sin peu d' chance...
V'là chinq ans, quoiqu' vieu' et mabré,
Min gros Pierr' s'est amouraché,
Comme un sot, d'eun'fill' jeune et bielle,
Bien connu' sous l' nom d'Isabelle
Par tous les jeun's gins du Réduit;
Ch' l'amour l'avot tell'mint réduit,
Qu'il in dev'not sec comme eun' pierre.
Sin goût pou l commerce d' peun'tierre
Presque chaqu' jour diminuot,
Autant que s'n amour augmintot.
Si bien qu'un jour i fait s' toilette
Et queurt trouver Lisa Craquette,
L' biell'-mèr' de l' jeune fille in question;
Ell' copo in quate un angnon
Qui mettot sin visache in larmes :
— Lisa ! qui cri' tout in alarmes,
Vous brayez, ch'est un bon momint !
Si vous n' soulagez point l' tourmint

Qu' j'indure au sujet d' vou biell'-fille,
Aussi vrai que j' su-t-un bon drille,
J' vas me j'ter dins l'iau pou m' noyer,
Ou je m' pinds pour m'égosiller;
Ainsi, tâchez de m' rind' bénache,
In me l' donnant vite in mariache.
— Mais quoich' que vous pinsez, Pierrot ?
Est-ch'que vous êtes d'venu sot ?
Répond cheull' femm' d'un air tranquille,
Vous n' busiez donc point que m' biell' fille
Intre dins sin vingtièm' printemps
Et qu' vous avez quarant'-siept ans;
Vous conven'rez qu'eun' tell' fillette,
Avec vous s'rot comme eun' mauviette
Inteur les patt's d'un éléphant.
Et j' vous connos trop bon infant
Pou n' point comprind' que m' fille à s'n âche
Est trop jeun' pour ête in ménache
Avec un homm' tros quar' usé...—
Après ch' discours si bien tapé,
Pierr' donne s' main à cheull' brav' femme,
Et dit : — Lisa, ch'est vrai tout d' même
Les biell's raisons qu' vous m' donnez-là,
Mais m'n amour est pus fort que cha.
Vous trouvez trop jeune Isabelle,
Soit, *j'attindrai qu'ell' sot pus vielle...*

LE MOYEN D'ÉVITER UNE INDISCRÉTION

Dins l' matiné' du lundi d' Pâques,
Un manoqueu de i' rue à Claques
Mettot des dache' à sin talon,
Lorsqu'il intind crier sin nom;
Ch'étot tout bonn'mint l' porteu d' lettes
Qui dit : — Célestin Mazéquettes,
Deschindez ! v'là eun' lett' pour vous ;
Si vous l' peurnez, donnez-m' huit sous.
L'aut' paie et prind s' lett' sans rien dire.
Mais, par malheur, in' sait point lire :
— Qu'mint fair', qui s' dit, pour débrouiller
Chin qui n'y a su ch' morciau d' papier....
Au mêm' momint passe p'tit Pierre,
Vous connaichez ? l' marchand d' peun'tierre
Qui reste au bord de l' rue Doudin :
— Eh ! Pierrot, li cri' Célestin,
Viens vite, i faut qu' te m' lijé eun' lette
Que l' porteu ach'teur vient d'me r'mette.
Sans faire eun' seule observation,
Pierre s' met su l' table à qu'valion,
Et qu'minche à li faire l' lecture.
Aux premiers mots de ch' l'écriture,
V'là Célestin, comme un furieux,
Qui s'écrie : — Arrètt' malheureux !
Te vos bien qu' te n' peux point connaite
Chin qui n'y a d'écrit dins cheull' lette.
L'aute étot resté là tout coi
De s' vir inl'ver ch' petit séquoi.
Et Célestin s' dijot :   Quoi faire ?
Cha n'avanch' point gramint m'n affaire;
Si j' n'ai point pus d'inducation,
Faut bien profiter d' l'occasion
D' me l' fair' lir' par un comarate...
Ch'est tout d' même eun' drol' de parate,

J' veux point qu'on sach' chin qui n'y a d'dins;
Me v'là l' pûs gêné d' tous les gins.
Min aller l' fair' lir' par eun' femme,
Cha s'rot l'action d'un nigodème,
Car min s'cret n'irot point fort long...
Tout à cop, i buqu' su sin front,
Et dit à Pierre, in rindant s' lette :
— J'étos pus sot qu'eun' vinaigrette.
Ach'teur te peux continuer.
Au momint qu' l'aut' va r'commincher,
Crac ! i t' li bouch' les deux orelles,
Et pus fier que l' rein' des mervelles :
— Marche hardimint, qui dit, comm' cha,
T' n'intindras point chin qu' te m' lira.

UNE DROLE DE PROMENADE

Un p'tit rintier de l' rue des Morts,
Braiant tous les larmes d' sin corps,
Accompagnot s' femme à l' chim'tière,
Sout'nu d'un côté par sin frère,
Et d' l'aut' par sin n'veu Casimir,
Ch'étot vraimint pitié de l' vir.
Aussi l' mond' dijot : — Queu damache !
Car cha d'vot faire un rich' ménache.—
Après l' dernier *De profundis*
On est r'venu par chez *Labis*
Noyer l' chagrin dins quéqu's pots d' bière ;
(Ch'est l'usache in quittant l' chim'tière.)
Au momint que l' veuf introt là,
Sin n'veu li d'mande : — Qu'minch' qui va ?
Ch'étot bien l' moins de s' politesse.
L'aut' répond d'un ton plein d' tristesse :
— Douchett'mint, fieu; pourtant j' sins bien
Qu' cheull' *prom'nad'*-là m'a fait du bien.

JOSÉPHINE ET THÉRÈSE

Un lundi, je sortais de l'hôpital Saint-Sauveur, et j'entrai prendre une chope au cabaret du *Violon*. Là se trouvait attablée une femme en société avec un grand verre de genièvre, autrement dire une *demi-doule*. J'avais à peine fermé la porte, qu'une autre femme, la figure bien triste, entra à son tour, et j'entendis alors entre ces deux Lilloises, d'un caractère différend, un Dialogue que j'ai trouvé si curieux, que ma foi, semblant de rien, je me suis amusé à copier leur conversation, que je vais avoir l'honneur de vous traduire le plus naïvement possible.

La femme attablée se nommait Thérèse, l'autre Joséphine. C'est Thérèse qui entame la conversation :

Bon diable bon ! v'là bien Fifine !
Es-ch' que t'arrives d' Cochinchine
Pour prind' tin monde au dépourvu ?
V'là pus d'un siècle qu'on n' t'a vu.
J' veux bien bourler au fond de m' cave,
Si eun' seul' veine d' min cadave
Pinsot à t' frimousse in ch' momint ;
J' te croyos mouru d'puis longu'mint.
Infin, te v'là, parlons d'aut' cosse :
Nous allons faire eun' petit' noce
Inteur nous deux, tout in blaguant ;
Quoich' te bos ? du douche ou du piquant ?
Veyons, parl', queusi et fais vite.
D'abord, pour commincher, assite.

JOSÉPHINE

Thérèss' j'ai point d' goût pou l' boisson ;
Quand on sorte d' cheull' grand' mason,
On a l' cœur triste pour six s'maines,
Surtout lorsqu'on a d'jà des peines.

THÉRÈSE

Alors, faut de l' *consolation*...
La bourgeoisse ! allons-y d'action :
Fait's-nous bien vite eun' petit' tasse;
Et, vous savez, j' sus point bonasse,
N'allez point nous fair' du berliau;
J' veux point qu'on r'vette à deux goutt's d'iau
Pou l' fair' bon; ch'est mi qui régale...
Ach'teur, Fifine, assez d' morale;
T'as l'air gai comme un bonnet d' nuit.
Dis-me franch'mint tout ch' qui s'in suit.

JOSÉPHINE

J' veux bien, mais ch'est eun' triste histoire
Que te n' vodras peut-èt' point croire.

THÉRÈSE

Point croire ! dis-donc, pour qui ch'te m' prinds ?
N' vas point douter d' mi, j' te l' définds !
Te m' cros donc bien dev'nue ingrate.
A m' premièr' couche, étant malate,
Quand t'as norri deux mos m'n infant,
Ai-j' douté d' ti un seul instant,
Aussi vrai qu' t'es-t-eune honnèt' femme,
Et mi aussi, j'ai l' cœur du même.
Ainsi, n'euch' hoint peur de parler,
Sos franche, et si j' peux t' consoler,
Ch'est comm' si ch'étot fait, j' te l' jure !
Et te sais qu' je n' sus point parjure.

JOSÉPHINE

Dins l' temps, Théress', t'invios min sort,
Et t' n'avos point tout à fait tort,
Bonn' fileusse j' gaingnos chez Scrive
Pus d' doup's qui n' me fallot pour vive,
Et j'avos tout près d' neuf chints francs
A l' caiss' d'épargn'. Juge, in chinq ans !

Il a faïlu qu' l'amour s'in mèle
Pour que tout cha quéche in foufïèle.
D'siré, de s'n état d' serrurier,
S' déclarot l' pus choitte ouveurier,
S' parole étot tell'mint mielleuse,
I jurot tant de m' rinde heureuse,
Qu'un jour, ma foi, j'ai dit : *Awui*.
Tiens, v'là siept ans juste aujord'hui.
Alors, j'ai laiché-là m' fabrique
Pour nous prinde eun' petit' boutique
D'épic'rie auprès d' l'abattoir,
Où j' viudos la goutt' su l' comptoir.
L' commerce allot, j'étos m' maîtresse,
Hélas ! ch'est un fu d' pall', Théresse,
Qui s'est éteint trop vit' pou l' bien,
In moins d' tros ans j' n'avos pus rien.
Te sais lorsque l' malheur arrife,
Il arrach' tout avecque s' griffe...
Sous prétesque qu' j'avos trop d' ma,
D'siré a planté s' boutiqu' là;
Il a voulu servir du g'nèfe;
Mais, trop faible, i buvot l' bénèfe
Avec un tas d' mauvais chalants
Qui buvott'nt à crédit tout l' temps...
L' dégringolade a v'nue, in sorte
Qu'un jour on a vindu à m' porte.

THÉRÉSE

Qués gueux ! ches homme', in vérité,

JOSÉPHINE

Tout a parti au Mont-d'-Piété ;
J'ai r'chamaillé dins les fabriques,
Et D'siré s'a mis casseu d' briques.

THÉRÈSE

Pourquoi ch' qui n'ouvrot point dins l' fier...
Monsieur étot peut-èt' trop fier

Pour aller r'demander d' l'ouvrache,
Ch'est un molasse, un sans corache,
Un homme abruti pa l' boisson.

JOSÉPHINE

Mais non, ch'étot l' morte saison.

THÉRÈSE

Et quoi ch' qui t' rindos par semaine ?

JOSÉPHINE

Cha n' valot point gramint la peine,
I gaingnot trinte-deux sous par jour.

THÉRÈSE

Ch' n'est point d' quoi mette eun' poule au four...
Te veux m' cacher l' fin mot d' l'histoire ;
I n'avot point d' trop pour li boire,
Fallot l' norrir, quoi. Et l's infants ?

JOSÉPHINE

Combien ? hélas ! quate in tros ans.

THÉRÈSE

I mingeottent des copons d' brique,
Car t'aras dù quitter t' fabrique ?

JOSÉPHINE

Awui, et pour comble d' malheur,
J' s'ros moru d' faim sans l' pauvriseur.
Tiens, r'vett' si l' guignon m' laich' tranquille :
D'siré, pour l'agrandich'mint d' Lille,
Avot r'pris s'n état d' serrurier,
Si bien qu'un jour du mos dernier,
In travaillant rue Nationale
A mett' des tassiaux dins l' muralle,
Crac ! i s'a laiché quer in bas,
Je l'ai eu tros s'main's su les bras

Avecque s' tiète in marmelate
Et sin bras maint'nu par eun' latte;
Mais, n'ayant point d' pain dins l' mason
Il a fallu s' faire eun' raison.
L' méd'cin des pauve' a vu m' cambrette,
Et l' surlind'main eun' vinaigrette
Conduijot m'n homme à l'hôpita...
Dieu sait quand il in sortira !

THÉRÈSE

Ch'est cha, plains-le, vas, j' ti ingache.
I t' reste eun' rob', mets-le in gache...

JOSÉPHINE

Pourquoi point ? ch'est m'n homme, après tout !

THÉRÈSE

Te m' fais pitié ! ch'est un minch'-tout !
Un prope à rien ! un rien-qui-valle !
Un salé homm' qui t' mettra su l' palle !
Che s'ra facil', car t'y es d'jà.
Je n' sus point pour cheull' bonté là;
M'n homme aussi volot prinde m' plache,
Pour vind' mes peun'tierr' su l' Grand'Plache,
Mais, j'ai dit : Te rest'ras machon ;
I se r'biffot, j'ai pris l' ramon,
Et nous avons fait bon ménache.
J' viens d'aller l' vir pou l' rind' bénache,
J' li ai porté quéqu's petits pains;
D'puis quinz' jour' il a des mas d' reins.
A l' sall' Saint-Jean, monsieur s' dorlotte;
I juot l' pandour avec un aute,
L' gob'let d'étain à sin côté;
Monsieu est là comme au café.
Il a de l' soup', de l' bièr', de l' viante,
On li donn'ra l' portion sortante,
Quand l' cérurgien l' trouv'ra guéri ;
Aussi je n' le plains point va, mi.

JOSÉPHINE

Si j'avos t' gaité pour partache.

THÉRÈSE

Infin, ch'est fait, faut prind' corache.
J' connos des gins rich's, des brav's cœurs !
J' leu racont'rai tous tes malheurs,
Et j' réponds qu' t'aras leu visite
L' semain' qui vient, p't-êt' bien pus vite.
Prinds donc patiince incor quéqu' temps,
Car sans t' séparer d' tes infants,
(Chin qui est fort dur pour eun' mère)
Te verras soulager t' misère...
Allons, dins deux heure' i f'ra soir,
L' café est bu, j' te dis bonsoir.
Vas-t'in r'trouver tes p'tits mioches.
Tiens, acat' leu quat' sous d' brioches,
Et n' serr' pus t'n œil avec tin poing;
L' bon Dieu, femme, n' t'oblira point.

UNE IDÉE PARTAGÉE

— Pauv' femme! à quoi sert tant gémir ?
Dijot D'siré prêt à morir;
Je n' te laich'rai point dins l' misère;
Te rest'ra tout seu, mais j'espère
Qu' che n' s'ra point pour un long momint,
Et j' m'in iros pus tranquill'mint
Si j'étos certain qu' tin veuvache
Cess'ra par un aut' bon mariache.
T'as de l' jeunesse, un peu d' biauté;
Pierr', quand i passe à tin côté,
Pou t' dire un mot n' sait point qu'mint faire;
I m' semble qui f'rot bien t'n affaire.
— Comme i t' reste un biau raisonn'mint !
Dit l' femm'; *j'y pinsos justemint.*

DISCOURS

*Prononcé par MARTIN, sur la tombe de son
Ami LAPOUSSIÈRE.*

Mes Gins,

« Ch'est la larme à l'œil, comme si j' venos d' plurer
d's angnons, que j' vas vous dire quéqu's mots su l'
fosse d' min malheureux comarate Lapoussière qui
roupille à ch't' heure dins sin luijeau.

» Sin cap'let n'est point long à dévidier, et n' vous
imbêt'ra point :

» Lapoussière a v'nu au monde dins l' cambuse qui
fait l' coin de l' Plachette et de l' cour à l'Iau.

» Ch' paufe petit bougre a vu l' jour, on peut l' dire,
pus desséqué qu'un herringt. Avec cha, vilain et con-
trefait comme un sinche.

» Ch' l'inflixion li est v'nue, soit-dijant, pache que
s' mère, tros heure' avant qu'elle s'accouche, avot
r'chue de s'n homme eune trempe que l' diable n'
n'arot pris les armes.

» Je n' crétique point ses chintes, mais si l' papa La-
poussière a fichu eune raclée à s' femme dins ch'
pénibeul momint, ch' n'étot qu'un rien-qui-valle et un
taingneu.

» Il est toudis certain qu' sans m'n onque Polydore,
dit Mazéquette, l' petit Lapoussière s'rot moru sans
avoir seul'mint r'chu l' baptême, car point un quien
n' volot consintir d'ète l' parrain d'un morveu aussi
laid qu' mal foutu.

» Dins ch' moumint soulennel où j' vous vos teur-
tous trisses comme des bonnets d' nuit, j' n'irai point
point ramintuver d'puis l' perlinpinpin jusqu'au tuo,
tous les bons tours que garchonnal il a jués, tous les
crasses niches qu'il a fait. J' vous dirai tout simpeul'-
mint qu'à l'àche d' siept ans, ch' maral étot l' pus rusé

·capon de l' Plachette, et l' pus méchant rince du quartier.

» I s'avot d'jà fait fiche à l' porte d' l'école au brin et des Frère' à barbettes, à causse qui mingeòt les chucate' et les tartaines des autes garchons, et qui faijot queuette six jours su siept.

» Ch'est pour cheull' raison qu'il est allé dins l' royaume des taupes privé d'induc et d'instruc.

» Ah! mes gins, queulle pinte d' bon sang vous sarites fait, si vous arottent vu, comme mi, s'n adresse à tinde l' soir des fichelle' in travers des p'tites rues pour faire quère les passants! S' bielle touche pour accrocher, in un clin-d'œil, des jeunes de cats à les cordiaux d' sonnettes, et s'n infilure à loyer l' manche d'eune cass'role à l' queue des p'tits quiens d' madame!

» Vous arottent ri à picher dins vo qu'miche, rien qu'à vir les grimaces des servantes, quand il avot mis du *machin* dins l' tro d' leu serrure et su l' poingnée d' leu porte cochère.

» Dins l' journée, avec chinq six penouls de s'n espèce, il' allottent au *P'tit-Paradis*, juer au rangnon, à l' masse à l' tiête, au bouchnick; infin, à tous les nobeuls jus d' garchon.

» A douze ans, pour tros patards, i sargeot d' fiche eune doublée, même au *Grand-Ture*; et dins les batalles des paroisses, où il étot toudis queusi pour capitaine pa l's infants d' Sainte-Catherine, i peut s' flatter d'avoir fait boire eune tasse dins l' pichatière des Elite' à pus d'un garchon d' Saint-Sanveur.

» Allez, s'il a quéques fos mingé des durés croûtes, s'il a, par chint fos, attrapé de s' mère des giroflée' à chinq et six feuilles; d'un aute côté, jusqu'à l'âche de l' conscription, il a été apouchinné mieux que l' toutou d'eun' marquisse.

» Au tirache au sort, il a pris les deux bochus: 33; et si n'a point servi s' patrie longu'mint, à causse qu'il a été dégradé pour avoir cassé eune guibole à sin caporal, il a du moins servi les machons siept ans

avec honneur et corache ! Et du jour où il a quitté
l' mprtier pour impoigner l' brouette d' commission-
naire, il a fait l'orgueil de *P'tit-Franços* et rindu
Signal fin jaloux. *Bondieu* même a volu li donner
s' plache su l' trottoir du Grand-Garde, tellemint
Lapoussière avot bielle dégaine à broutter tros sas
d' peun' tierre avec dije-huit d'mi-doules de g'nèfe dins
l' cadavre.

» J' fais l' bouton su l' mariache d' Lapoussière, car
je n'veux point vous effaroucher, et puis ch'n'est point
l' momint d' dire des bétisses.

» Malgré les blagues qu'on a fait courir sur sin
compte, j' proclame ichi que s' mémoire est aussi pure
qu' du jus d' chique, car on a jamais rien eu à li
r'procher.

» S'il a couché pus souvint à l'ostiot qu' dins sin lii,
ch'est in tout bien, tout honneur ! Car ch'étot tout
bonn'mint pour soulographies, ou pour des m'noules
qui chourot su l' comptoir des graissiers.

» A m'n égard, il a toudis bibelotté comme un bon
fieu; et du jour où, dins l' richeau de l' rue des Tros-
Mollette', i m'a cassé deux dints, pache que j'avo été
assez canalle pour li souffler s' maîtresse, j' li ai
donné m'n estime et m'n amitié pour toudis.

» Quoich' que ch'est que d' nous, min paufe Lapous-
sière ! Quand j' te vos rétindu dins ch' misérabeul tro,
inteur chés quate méchantes planques d' sapin, cha
m' rappelle qu'à dije-neuf ans t'étos pus fort qu'un
qu'va, car t'inl'vos l' cu à un homme comme eun'
merde.

» Et dire que te v'là pou les mouques. Qu' les viers
vont sucher t' vénérabeul piau. Qu' dins quéque'
années, l's infants d' Saint-Maurice jueront à cliquette'
avec tes pauveurs oches ! Tieus, tout cha m' raplatit
comme eune couquebacque; et si j' vas braire, ainsi
qu' cheulle brafe clique qui m'intoure, j' n'arai pus
l' forche de t' dire eune dernière fos :

» Adieu ! Lapoussière, adieu !....»

UNE PAGE DE L'HISTOIRE SAINTE

M'n histoire est viell', mais, malgré s'n âche,
Peu d' gins connottent l' minc' villache
D'uch' que min p'tit conte a eu lieu.
Faut vous l' dire ?... Ch'est à Montaleu,
Belgique, à deux pas de l' frontière,
Pour mieux dire, intre ciel et tierre...
Eun' femme un jour queur à Mouscron
Trouver l' curé et dit tout rond :
— Min garchon n'a point commis d' crime;
Dit' me pourquoi-ch' qu'au catéchime
I n'est point r'chu pou s' communion ?
L' bon vieux prêt' li répond d'action :
— Mais vou garchon n' veut rien apprinte,
I n' connot rien de s'n histoir' sainte ;
I n' sait point qu' Not'-Seigneur est mort.
— Monsieur l' curé plaignez nou sort,
Répond l' mèr' qui avot les v'nettes,
Jamais nous n' lijons les gazettes,
Et si Not'-Seigneur est mouru,
S' maladi' même on n' l'a point su...

UN MARI MODÈLE

Un brave homm', douche autant qu' bonasse,
Qui, tous les jours, bot s' demi-tasse
Au Grand-Café, arrive un soir
L' visache in fu et presque noir.
Naturell'mint, par politesse,
Autour de li chacun s'impresse...
— Si vous saviez chin que j' viens d' vir !
Qui dit, triste comme un martyr ;
Vous connaichez César Buisine ?
J' viens de l' rincontrer dins m' cuisine,
Avecque m' femme assez près d' li
Pour m'assurer qu' ch'étot fini...
J'ai vu qu' j'étos... — Qu' t'éto' eun' biète !
Répond Gustave, in hochant s' tiète...

Et te l's a tué tous les deux ?
Car te n' pouvos rien faire d' mieux.
— Non. Mais m' rache étot d'eun' tell' sorte
Et j'ai si fort fait claquer l' porte
Qui z'ont dû vir, assurémint
Que j' n'étos point du tout contint...

DERNIER COUP DE RASOIR

Infin, lecteur, te v'là *rasé*,
Sans mêm' savoir si j'ai *frisé*
L' peu d'esprit qu' tout homme a dins s' tiête.
J'ai p't-ête *écorché* comme eun' *biête*,
Tous mes vers pour les rind' fameux,
Car i sont tous *tiré' aux ch'feux.*
Blanc bec, j'ai fait la *viell' moustache,*
Par quéqu's bons conseil' au jeune âche.
Je n' sais point *farder* mes mots, mi.
Et d' la *poudre d' ris* j' m'ai servi
Pour *adouchir* des historiettes
Echev'lé' comm' mes pasquillettes.
J' t'ai fait connaît' les *pein's* qu'on a,
Fillett',pou s' *démêler sans ma*
D' ches *accroch's-cœurs* rimplis d' *finesse,*
Dont l' *toupet t'aveugle* sans cesse.
Pour ti, Lillos, qui m'a compris,
J' fais *mousser* tes mots *favoris* ;
J'y ai fait même *eun' raie in tiête*
Pou t' les r'passer un jour de fiête,
Car sans *coper l' cou d' mes sujets,*
J'ai *lissé, poli* mes objets.
Infin, comme à l' *tiête* d' personne
J' n'ai j'té l' critiqu' qui *défrisonne,*
J' veux point qu'à m' *barbe et à min nez*
On m' *rase* un jour, tant qu' ch'est assez.
Avec ches viell's parol's caduques :
— Au lieu d' pasquill's, *fais des perruques·*

SOMMAIRE :

2me livraison

CHANSONS LILLOISES

Par Ch. DECOTTIGNIES

SOMMAIRE :

Prix : **50** centimes

Les deux livraisons réunies, PASQUILLES & CHANSONS

Prix : **1** franc

LILLE, IMPRIMERIE A. MÉRIAUX, RUE SAINT-ÉTIENNE, 6

MAMAN

Air : *Papa*

Mieux qu'un ancien titre d'noblesse,
Maman fait toudis batte l'cœur;
Ch'est l' premier cri qu' pousse l' jeunesse,
On l' répète incor dins l' douleur.
Au mitan d'eun' souffrance amère,
Eun' jeun' femme in point d' dev'nir mère,
Pleine d' regrets, bien superflus,
Crie, in jurant qu'ell' ne l' f'ra pus :

> Maman...
> Maman! } *bis.*
> Ch'est comme un talisman.

Sans Papa, je n' dis point l' contraire,
Maman n' s'rot rien, point même un nom,
Mais sitôt qu' l'infant qu'minche à braire,
Des deux quel est l'utile ou non?
Qui li donne l' tette et l' chuchette,
Fait des gross's babache' à pinchette?
Infin, qui l'accable d' mill' soins,
Et l' rind *bello* après ses *b'soins?*

> Maman...
> Maman!
> Ch'est comme un talisman.

Lorsque l' bon et biau jour arrive
De l' premièr' communion d' l'infant,
Maman s' fait bielle, ell' se sint r'vive,
S'n air à l'égliche est triomphant !
Au gamin qui, sortant d' l'école,
Crie derrière : « Un p'tit pain parbole, »
Ell' jett' les bonbons d' sin saclet,
Et semble dir' : — Ch'est mi qui est

        Maman...
        Maman !
    Ch'est comme un talisman.

L'infant dev'nu fille est in âche
D'apprinte à conduire eun'mason,
Maman, tout détaillant l'ménache,
Li dit chaqu' jour, in guis' de l'çon :
— Quand te saras faire l'cuisine,
Écréper l' bur' sur eun' tartine,
Infin, coper un doupe in deux,
Te s'ras dign' de ch' titre fameux :

        Maman...
        Maman !
    Ch'est comme un talisman.

L' jour du mariach', cheull' grande affaire,
Amène un pénible imbarras ;
Pindant qu'on rit, Maman n' fait qu' braire,
Ch'est sin *sang* qu'on li prind d' ses bras.
L' soir à s' cambre, ell' conduit l' jeune femme,
Qui voudrot le r'tenir quand même,
Et l'infant chagrine à morir,
Dix fos crie avant d' s'indormir :

        Maman...
        Maman !
    Ch'est comme un talisman.

V'là donc l' fill' séparé' de s'mère
Par l'objet qu' sin cœur a queusi ;
Maman rêveuse et solitaire
N'a pu su ch' monde aucun plaisi.
Comme ell' sait qu' dins tout jeun' ménache,
Eun' biell' mèr' donn' souvint d' l'ombrache,
Ell' les laich' roucouler tout seu,
Pou n' point qu'on maudiche un p'tit peu

> Maman...
> Maman !
> Ch'est comme un talisman.

Dins ses vieux jours, dev'nu' coquette,
Ayant l'imbition d' rajeunir,
Maman n' voulant point d'eun' crochette,
Aime l' bras des siens pou l' sout'nir.
Sin bonheur ch'est quand eun' gamine
Sur ses g'noux vient faire l'caline,
In peurnant s'n air bien caressant,
Pour avoir un p'tit sou à Grand'

> Maman...
> Maman !
> Ch'est comme un talisman.

LE MARCHÉ AU POISSON

aux Halles centrales,

Air : *Non, ce n'est pss cher un anglais pour un liard.*

Si dins les canchons vous aimez de l' gaîté,
  L' marqué au pichon f'ra l'affairé,
Car nous trouv'rons-la de l' joyeuss' société
  Et des jus d' quoi vous satisfaire,
  J'aim' d'intind' tous les sott's raisons
Qui s' dit'nt à l'intour de tous ches p'tits éhons;
  Et sans que rien n' puiss' m'arrêter
  J' vas franch'mint tout vous raconter.

J'arrive au matin à l'heur' qu'on d'vot *minker*,
  Et je m' faufile in plein' rotonde,
Près d'eun pichonn'ress' qui n' faijot qu'me r'louquer
  N' m'ayant jamais vu dins tout ch' monde.
  J' m'ai poché l' nez à l' rind' tout vert,
Quand l' premier painnier s'est trouvé découvert;
  Un quien qui d'puis tros s'maine' est mort,
  N' peut point sintir gramint pus fort.

Au momint d' partir j'intinds deux femm's crier,
  I parlottent de s' fich' des *tatoules*.
Tout ch' bruit-là ch'étot pour un mauvais painnier,
  Cont'nant tout au pus six chints moules.
  « Ch'est-i possible, qu'on leu dit,
De s' dir' des gros mots pour eun' séquoi d' si p'tit;
  Si ch'est ainsi qu'minch' qu'il ira
  A l' premièr' moru' qui ven'ra. »

Quand l' mink' est fini, qu' tout l' pichon est vindu
  Chaqu' pichonn'ress' l'import' su s' table;
On l' brouche, on l'écrêpe, on jett' même d' l'iau d'su,
  A tout prix faut l' rind' présintabie.
  On s' dépêch' vite à l' l'installer;
L' cuisinière arrive et qu'minche à le r'nifler.
  Ch'est alors qu'on lève l' rideau
  Pour nous montrer l' deuxièm' tableau.

A l' table auprès d'mi, un homm' porteur d'uu quien
  S'arrête in fac' d'eun' gross' marchande;
J'ai r'connu l' rintier qui vit presque de rien,
  Car i d'mandot l' prix d'eun' limande;
  Cheull' femme li répond : « T'nez min vieux
Lev'là pour un franc et vous n'trouv'rez point mieux
  Mais tout in l' traitaut d' vilain roux,
  Ell' li a laiché pour chinq sous.

Chacun me r'vettiot comme eun' curiosité,
  Tell'mint j' rios de ch' l'avinture;
Sans faire attintion, j' m'in vas d'un aut' côté
  Pour y faire eun' nouviell' capture.
  V'là tout juste un garchon d' bureau
Qui veut marchander trop fort un maqeriau.
  Mais l' femm' li répond : « Mett'-te-là
  Et j' tâcherni de t' vind' pou ch' prix-là. »

«Viens m'vir par ichi min p'tit chou, min p'tit cœur»
    J'intinds dire à eun' biell' gross' fille;
Cheull' fillett' s'avanche et d'un ton plein d'doucheur
    Ell' demand' combien eune anwuille.
    On l' fait douz' sou', elle in off' deux.
L' marchand' li répond :«Te peux trouver bien mieux
    Vas in quer eune à t'n amoureux,
    Te l' l'aras pour rien si te veux. »

Intindant tout cha, pou n' point m' faire étriller
    J' m'approche in défaijant m' casquette ;
On m' fait six herringts vingt-chinq sous, sans triller
    Et pus d' dix sous j' volos point mette.
    Jésus de Dieu, comme on m'a r'chu !
In m'moutrant sin poing, cheull' femm' m'a répondu :
    « L's herrings sont pour les cordonniers,
    Bêta ! et point pour les chaf'tiers.»

UN COMPLOT DE FEMMES

Su l' Plachette aux Angnons.

Air : *Le Carnaval* (Desrousseaux)

Un jour, in passant su l' Plachette,
A forche d' rir' vraimint j'ai brai,
In veyant tout l' long de l' courette
Des femme' armée's d' manche à balai.
Aussitôt, m'approchant d' cheull' troupe,
Je l's intinds dir' : — Marchons de ch' pas,
Tous l's homm' ach'teur vaut'nt moins qu'un doupe
Femme', i nous faut qu'mincher l' branl'-bas.

REFRAIN

Cassons vit' nos manche' à ramons
Sur ches capons. (*bis*)

Figurez-vous, di' eun' boiteusse,
Qu' min gueusard d'homme on l' yot toudis
S' pourmener l' soir avec eun' gueusse,
Su l' quemin du P'ti t-Paradis.
I m' laich' manquer min nécessaire,
Et j'ai biau li r'procher chaqu' jour;
Aussi j' vos bien qu' si je l'laich' faire,
J' pourrai faire eun' crox su l'amour.

Cassons vit' nos manche' à ramons
Sur ches capons. (*bis*)

Eun' grand' mabress', couleur carotte,
Dit : — J' fréquento un bernatier.
Qui m'avot juré qu' pou l' Peut'côte
I s'arring'rot pour nous marier.
Quand il a vu qu' j'allos v'nir mère.
Après m'avoir grugé m'n argint,
I m'a dit : J' veux point de l' misère,
Et m'a r'lâché comme un lav'mint.

Cassons vit' nos manche' à ramons
    Sur ches capons. *(bis)*

Mais quoich' que ch'est qu' cha, bonn' voisine,
Sitôt répond l' femm' d'un chaftier,
Continuell'mint j' prinds méd'cine
A forch' d'avoir des cops d' tir'-pied·
Je n' connos point d' pus méchant rince,
D'puis St-André jusqu'au Réduit,
Et j' vous jur' que m' joie n' s'rot point mince
Si j' pouvos l'étouffer par nuit.

Csssons vit' nos manche' à ramons
    Sur ches capons. *(bis)*

Ch'est à min tour, crie eun' beurlouque,
Si cha n' cess' point j' m'in vas m' noyer,
Avé m'n homme i faut que j' clo m' bouque,
Et j' peux pus seul'mint le r'vettier;
Pach' qu'eun' fos mih marchand d' peun'tierre,
Avot ses mains su m'n estoma ;
Si ch'est d' quoi fiche eun' puch' par tierre
Pour eun' petit' bamboch' comm' cha.

Cassons vit' nos manche' à ramons
    Sur ches capons. *(bis)*

Eune aut' prind d'abord eun' bonn' prisse,
Et puis vient qu'mincher s'n oraison :
— À m'n homme i faut que j' rind' justice,
Seul'mint l' dimanche i fait l' capon.
I r'vient queurvé comme eun' bourrique,
Quéqu' fo' à tros heur's du matin ;
A l'heure d' partir à s' fabrique
Si j' l'éveill' j'attrape un rojin.

Cassons vit' nos manche' à ramons
    Sur chés capons. *(bis)*

Je n' sus point mieux tombé qu'eune aute,
Dit l' femm' qui fait des macarons,
L'aut' fos m'n homme arrive in ribotte,
Sans derrière à ses patalons.
J' li dis, tout in faijant m'n ouvrache :
Faut avouer qu' t'as point d'orgueil,
I prind eun' louché' d' démelache
Et me l'l'invoie in plein su l'œil.

Cassons vit' nos manche' à ramons
    Sur chés capo s. *(bis)*

Fallot vir comme i s'échignottent
A dir' du ma(d' ches malheureux,
Tous les femm's du quartier s' plaignottent;
A l's intind, nous somm's tous des gueux.
Infin, pour calmer leu colique,
I sont intré's chez l'épicier,
Et tout buvant quéqu's verr's de ch'nique,
De l' porte je l's intindos crier :

Cassons vit' nos manche' à ramons
    Sur ches capons. *(bis)*

L'ENFANT DE BONHEUR

Air : *Le p'tit Parrain* (Desrousseaux).

Quand vous connaîch'rez
L' surnom qu' j'ai r'chu avant l' baptême,
Sûr'mint vous rirez,
Mais tranquill'mint vous m'acout'rez :
Su ch' monde in intrant
J'ai laiché raconter qu'eun' femme,
Sorcièr' de l' ru' d' Gand,
A dit tout d' suite in m' ravisant :
« Dins l' tiêt' de ch' garchon,
Gross' comme un mouton,
J' lis l' bonheur in plein. »
Et comm' si cha v'not d' min parrain,
J'ai r'chu l' nom d'infant d'bonheur
De l' rue Saint-Sauveur. } *Bis.*

Vous allez juger
Si ch' n'est point là des sott's paroles,
Qu'on d'vrot s'in moquer,
Putôt qu' de v'nir les répéter :
A l'âche d' six mos,
Les convulsion' et les rougeoles
M' réduit'nt point pus gros
Qu'un paquet d'eun' chintaine d' clos ;
M' pauvr' mèr', veyaut cha,
M' porte à l'hôpita,
Ch' n'est qu'au bout d'un an
Qu' j'ai sorti guéri à mitan.
V'là l' chanc' d'un infant d'bonheur
De l' ru' Saint-Sauveur.

Au ju du rongnon,
A huit ans j' m'ai cassé eun' côte,
Par faut' d'attintion,
Et ch' n'est point mieux pou m' communion
A treize ans passé
J' n'ai povu que l' faire à l' Penn'côte,
Cha pach' que l'curé
Pindant l'examen m'a d'mandé :
— Combien ch' qui n'y a d' Dieux ? »
Mi, sans busier mieux,
J'ai répondu : — tros,
In or, in argint et in bos.
V'là l'chanc' d'un infant d' bonheur
De l' ru' Saint-Sauveur.

Quéqu' momints pus tard,
Quand a v'nu l'âch' des amourettes,
Simple, quoiqu' bavard,
Je m' sus fait prind' comme un Jobard.
A l' foir', dins l's éhons,
Eun' fos, j' rinconte l' fill' Trouspettes,
J' li parl', nous s'plaijons,
Et du même soir nous s' fréquentons.
Six mo' après cha,
Ell' s'accouchot d'jà,
In dijant : — M'n ami;
Te peux bien êt' certain qu' ch'est ti. »
V'là l' chanc' d'un infant d'bonheur
De l' ru' Saint-Sauveur.

Craignant d'êt' soldat,
L' jour qu'on tirot l' sort à l' commune,
J' queurs dins l'ru' du Plat
Vir eun' femm', sorcièr' de s'n état :
E'll' me fait l'café
Et m' dit : Jone homm', que l' bonn' fortune?

J' lis dins min gob'let
Qu'vou liméro n' s'ra point app'lé. »
Je l baje aussitôt,
Et j'part' comme un sot,
Bien sûr d'ête heureux ;
Pourtant j'ai pris l' niméro deux.
V'là l' chanc' d'un infant d'bonheur
De l' ru' Saint-Sauveur.

Je r'viens, Dieu merci !
Après siept longue' anné's d' service
Ram'nant derrièr' mi
L' cantinièr' qui m'avot suivi.
A peine arrivé,
Pinsant'li rinde un grand service,
J' l'ai-t-i point marié ;
Mais v'là chin qui n' n'a résulté :
M' femme, au bout d' quinz' jours, »
M' dit : — J' parte à Bon S'cours,
Et fil tranquill'mint,
Avecque l' huitièm' régimint.
V' là l' chanc' d'un infant d'bonheur
De l' ru' Saint-Sauveur.

Infin, pour finir —
Et vous prouver si j'ai de l' chance,
J' m'in vas vous fair' vir
Qu'à rien je n' péux point réussir :
Quoique j' sus crasseux,
A l' dernièr' lot'rie d' bienfaisance,
Pinsant d'ête heureux,
J' prinds l' niméro quinz' chint trint'-deux ;
Mais m'n affreux guignon
Saisit l'occasion
Comme un fait'esprès,
L' gaignant, ch'est l' niméro d'après.
V'là l' chanc' d'un infant d' bonheur
De l' ru' Saint-Sauveur.

UNE FEMME JALOUSE

Air : *Un homme né coiffé.* (Desrousseaux).

L'un d' vous aut' a dû connaîte,
Dins l' mitan de l' ru' d' Malpart,
Un barbier plat comm' galette
Surnommé : Ritin l' graignard :
Mais d'puis qu'il a marié s' rousse,
Il in perd mêm' l'appétit,
Car Rosette est pus jalousse
Qu'eun' tigresse auprès d' sin p'tit.

REFRAIN

Putôt qu' d'avoir, comm' Ritin,
Eun' femm' rousse
Autant qu' jalousse,
J'aim'ros mieux, soyez certain,
Viv' dins l' fosse d' l'ours Martin.

Il a dû quitter s' boutique,
Car ell' voulot pus r'chevoir
Eun' seul' fillett' comm' pratique
Qui v'not là pour sin savoir ;
Tout cha, parc' que dins l' coiffure,
Qui d' mand' des soins minutieux,
Pour li donner biell' tournure,
I passot s' main dins les ch'feux.

Putôt qu' d'avoir, etc.

Ell' li fait des scène' indignes
Pour un rien qu'ell' trouv' sur li ;
A s' feurniêt' s'i fait des signes,
Faut tout d' suit' qu'ell' sache à qui.
S'i veut s'habiller l dimanche,
Pour aller s' prom'ner tout seu,
Il est bien certain d'avanche
Qu' sin linche est au blanchisseu.

    Putôt qu' d'avoir, etc.

Si pour quéqu' temps faut qu'ell' sorte,
Et que s'n homm' reste à s' mason ;
Ell' jett' du gré conte s' porte
Sans laicher d'viner s' raison ;
Sitôt rintré, ch' mauvais diable
Jue un tour des pus malins,
Ell' mesur' les pas dins l' sable,
Pou vir s'i sont masculins.

    Putôt qu' d'avoir, etc.

Pour suive s'n homme in prom'nate,
Un soir, comme un vrai luron,
Quittant s' robe d' cotonnate,
Elle a mis d's habits d' garchon.
Mais v'là qu'un garde police
Sous s' culotte vot sin jupon ;
I l' l'a m'né', ch'étot justice,
Passer l' nuit dins l' violon.

    Putôt qu' d'avoir, etc.

Si l' pauve homme' va boire eun' pinte,
Cha li fait moins d' bien que d'ma ;
Faut qui diche à l'heur' qui rinte
Et l' cabaret d'ùch' qui va.

Si s'amuse avé l' gazette,
Et qu'il est eun' heure in r'tard,
Elle invoie eun' camanette,
Fair' faction l' long du rimpart.
  Putôt qu' d'avoir, etc.

Pour soingner eun' femme in couche.
Où quéqu' malade in danger,
Si par hasard ell' découche,
Ch'est là qu'ell' sait s'arringer :
Ell' met de l' paill' dins l' serrure :
Si cha n' s'y trouv' pus l' lind'main,
Oriller, draps, couverture,
Pass'nt eun' visite d' Romain.
  Putôt qu' d'avoir, etc.

Un sot dicton vient nous dire :
Point d'amour sans jalous'té ;
Croyez-moi, n'in faites qu' rire,
Ch'est un vieux conte invinté.
Eun' femm' jalouss' n'a point d'âme ;
Sin cœur aussi noir qu'un four,
Vous perch'ra, comme eun' vieill' lame,
Tous vos actions jour à jour.
  Putôt qu' d'avoir, etc.

LE CABARETIER LILLOIS

Air : *L' Manoqueux*. (Desrousseaux).

Si j' mets dins cheull' canchonnette
L' histoir' du cabarétier,
Ch'est afin d' vous fair' connaite
Les finesses d' sin métier,
Car vous n' trouv'rez point su tierre
Un homm' pus gai, pus heureux ;
J' trouve s'n existence intière
Pus douch' qu'un' lett' d'amoureux.

REFRAIN

Non, rien n' surpasse l' métier
    D' cabarétier *(bis).*   } *(bis)*.

On peut fair' sans gramint d' peine
L' portrait du cabarétier :
Un vinte in forme d' bedaine
Sout'nu par un tabélier,
Un visach' comme eun' plein' lune
Muche un biau triple minton,
Eun' grand' bouqu', mais point commune,
Des bras qui l'vrott'nt eun' mason.
    Non, rien n' surpasse l' métier

        D' cabarétier *(bis).*

I prétind qu'il est esclafe,
Mais j' vous dirai qu' cheull' blague-là
Ch'est pour li faire s'n imblafe
Et mucher l' bon temps qu'il a.
Chin qui n'y a d' pus clair à m' mote,
Ch'est qu' dins cheull' biell' profession,
I s'ingraisse comme eun' carotte
Qu'on laich' tros heur's dins l'bouillon.
 Non rien n' surpasse l' métier
   D' cabarétier *(bis)*.

Il a l' fatigu' quand i s'lève
D' déchinte à s' cafe in s' muchant,
Avé l' sciau comme il achève
Un p'tit profit qui d'vient grand ;
Car sous l' prétesque assez drôle
D' raclaircir sin jus d houblon,
I rimplit d'iau mêlé' d' colle
Chaqu' rondelle d' cheull' boisson.
 Non, rien n' surpasse l' métier
   D' cabarétier *(bis)*.

Avec Paul comme avec Pierre,
I bot tout l' long d'un saint jour ;
L' chénique aussi bien que l' bière
Rint'nt comme un p'tit pain dins l'four.
D' lamper avec l'un et l'aute,
I va s' coucher bien souvint
Avec eun' petit' culotte
Qui l' fait ronfler comme l' vint.
 Non, rien n' surpasse l' métier
   D' cabarétier *(bis)*.

In réserve il a quéqu' tonne
D' chin qu'il appeil' du *rama*.
Vous savez qu'minch' que s" mitonne
Cheull' méd'cin' pour l'estoma.
Avec les restants d' chaqu' verre,
Fonds d' rondell', platiau, rinçoir,
I fabriqu' cheull' fameuss' bière
Pour ses bonn's pratiqu's du soir.
   Non, rien n' surpasse l' métier
     D' cabarétier *(bis)*.

A les fiête', on fait carême
In buvant sin jus d' houblon ;
Il a tell'mint r'chu l' baptême,
Qu'on y peut noyer s' raison.
Ses arm's, comm' ceux d' Jeann'-Maillotte,
N' peuf'tent jamais fair' chou-blanc,
Lorsqu'eun' fourche est dins s' menotte
Sous les traits d'un morciau d'blanc.
   Non, rien n' surpasse l' métier
     D' cabarétier *(bis)*.

Infin, pour finir l'histoire,
L'état de cabarétier
Est pu biau, vous povez m' croire,
Que l' profession d' bijoutier.
Chaqu' mardi ch'est sin dimanche,
Et ch' jour là j' pari qu' tout seu,
Il infourn' de l' bièr' dins s'panche
Autant qu' dins l' cafe d'un brasseu.
   Non, rien n' surpasse l' métier
     D' cabarétier *(bis)*.

LES BLAGUES D'UN PERRUQUIER

Air : *Le petit parrain* (Desrousseaux).

Lorsque vous sintez
L' long du minton qu' vou barbe pique,
Souvint vous intrez
Chez l' premier barbier qu' vous trouvez ;
Il arriv' raremint,
Eun' fos qu'on est dins cheull' boutique
D'ête servi viv'mint
Pour s'in aller pus lestemint.
Si, comme à l'amour,
On attind sin tour,
J' vous jur' qu'in sortant
Chacun s'in va tout répétant :

REFRAIN

L' meilleur' gazett' du quartier, }
Ch'est un perruquier. } *(bis)*.

S' langue est un molin
Qui tourne et ratourne sans cesse,
Ecrasant l' malin
Qui s' trouve in travers de sin qu'min.
N' l' app'lez point barbier,
Cha s' rot l' pus grande impolitesse
Faite à sin métier,
Et qui vous f'rot rud'mint payer.
Allez-y d' bon cœur,
App'lez-le coiffeur,
Et vous s'rez rasé
Pa l' raso l' pus fraich'mint r'passé.
L' meilleur' gazett' du quartier,
Ch'est un perruquier.

Chaqu' fos qu'on ira
Pour s'y faire écréper l' visache,
I vous racont'ra
Du nouviau, même i n' n'invintra ;
Avé s' n'air graingnard,
I n' se fait rien dins l' voisinache
Sans que ch' futé r' nard
N'in euch' connaissanc' par hasard.
Acoutez-l' le bien
I n' dit jamais rien ;
Confiez-li un s'cret
Et l' surlind'main tout l' monde l' sait.
L' meilleur' gazett' du quartier
Ch' est un perruquier.

Lorsqu'un p'tit morveu,
Qui crot qu'in s' rasant l' barbe pousse,
Va trouver ch' monsieu,
Ch'est là d'dins qui n'y vot du bleu ;
L' barbier point capon,
Li fait vir commint ch' que cha s' trousse,
Raso et savon
Pourmèn'nt deux fos su sin minton.
Rien s' épargnera,
L' cosmétiqu' march'ra ;
I vous met mêm' mieux,
De l' pomat' sur eun' tiêt' sans ch'feux.
L' meilleur' gazett' du quartier,
Ch'est un perruquier.

Rien n'est pus curieux,
Quand il a l'invi' d' fair' ricdoule,
I vous rind furieux,
Sans povoir garder l'air sérieux.
I n' mettra l' savon
Qu lorsqu'il aura bu s' demi-doule,

Suivi' d'un canon,
Et quéqu'fos d'un deuxièm' pochon.
I vous in cont'ra,
Vous indormira,
Et vous s'rez rasé
Avant que l' raso u'ait qu'minché.
L' meilleur' gazett' du quartier
Ch'est un perruquier.

Bien mieux qu' ses voisins,
I connot leus p'tits s'crets d' famille;
I s' fait du bon sins
Tout l' long du jour à leus dépins.
N' vous fait's point d' chagrin,
Si vous s'amourachez d'eun' fille,
Il est si malin
Qui va vous mette d' su l' bon qu'min.
Pour li connait' tout,
I fournaqu' partout,
I peut dire à bon
Si sin voisin l' l'est, oui ou non.
L' meilleur' gazett' du quartier,
Ch'est un perruquier.

LES PRISEUSES

Air : *L' Garchon d' Lille* (Desrousseaux).

Si j' dis du ma de l' priseuse,
Les femm's, peut-êt', m'in vodront;
Mais si m' canchon est farceusse;
J' l'espère. i s'in consol'ront;
Car d'abord tant d' canchonnettes
Ont sur nous aute' été faites,
Qu'eun' femme n' dot point bisqüer
D' s'intlnde eun' fos crétiquer.

REFRAIN

Malgré qu' des femm's sont heureusses
De s' rimplir leu nez de s'nu,
Les priseusses
N' m'ont jamais conv'nu.

V'là l' portrait d'eun' femm' qui prisse,
Car ch'est un tableau bien fin :
Elle a un nez d'-pain-épice,
Aussi rouche qu' du vieux vin ;
Ses narrin's ch'est eun' fonfaine
Qui n' décess' jamais d'êt' pleine,
Et qui débord'rot sur vous,
Si vous s' plach'rott' par dessous.
    Malgré qu' des femm's, etc.

Les femm's prindront p't-éte leu r'vanche,
In m' répondant qu' les feumeux
Ont, l'semain' comme l'dimanche,
Eun' pip' qui n'a rien d' fameux;
Cheull' comparaison est trisse,
Car eun' pip' vaut mieux qu'eun' prisse :
Feumer ch'est eun' distraction,
Priser ch'est eun' sotte action.

    Malgré qu' des femmes, etc.

J' sus contint d' rinde eun' visite
A chaqu' priséuss' qui m' prouv'ra
Qu'ell' n'a jamais dins s' marmite
Laiché quér un grain d' taba,
Qu'on n' dich' point qu' chest eun' bamboche,
Car rien qu' dins leu moucho d' poche,
I faudrot hnit jours bien pleins
Pour y compter tous les grains.

    Malgré qu' des femmes, etc.

R'vettiez bien ches viell's priseusses,
I z'ont tous les dogts crochus,
Cha les rindrot malheureusses
Si ch' tabac n' se trouv'rot pus.
Vous pinsez qu' ch'est des bétisses :
Donnez leur un sou d' bonn's prisses,
Cha leu sembeul'ra pus bon
Qu'eun' biell' gross' tranque d' gambon.

    Malgré qu' des femm's, etc.

Ch' taba qui rind l' femm' bénache,
A cause pus d'on malheur;
I vient d'impêcher l' mariache
D' Rose avec un p'tit coiffeur.
Elle aimot tant s' tabatière,
Qu'eun' demi-heur' tout iotière,
Elle faijot qu'éternuer
Dins les yeux d' sin perruquer.

Malgré qu' des femm's, etc.

De ch' taba, fait's in l'étude,
Rien qu'au sujet de l' santé,
Et vous verrez qu' l'habitude
Ch'est tout bonn'mint s' qualité.
J' dis qu' ch'est eun' méchant' méd'cine
Qu'on s'introduit dins l' narine,
Pour avoir l'affreux plaisi
D' iaire eun' masse d' fos : atchi !!!

Malgré qu' des femm's, etc.

On dit qu' pour soulager l' rhume,
Quéqu' bonn's priss's faitent du bien,
Peurnez-in, si ch'est l' coutume,
Là d'ssus je n' vous dirai rien ;
Mais cheuss qui dit'nt : « donn' m' eun' prisse,
J' n'arai pus min cœur si trisse. »
Ches femm's là m' fait'nt pus blsquer
Que si j' les verros chiquer !

Malgré qu' des femm's, etc.

LA SEMAINE DU TAILLEUR

Air : *Le p'tit Parrain.*

Si j' viens raconter
Qu'minch' qu'un tailleur passe l' semaine,
Ch' n'est potnt pou m' moquer,
D' ses actions; ni rien crétiquer,
Car i n'y a point mieux,
Ch'est un garchon à biell' dégaine,
Bon vivant, joyeux,
Et surtout brave et laborieux ;
Mais comm' l'occasion
Fait souvint l' larron,
S'il aime à ouvrer
I faut peu d' coss's pour l'amuser.
Pour mi, je n' vos rien d' meilleur ⎱
    Qu' la s'main' d'un tailleur. ⎰ *(bis).*

    Vous l' verrez l' lundi
In patalon, in manch' de qu'miche,
    Conte s'n établi,
S'n aiwille et s'n ouvrache auprès d' li,
    Tout prêt à ouvrer,
Lorsqu'un voisin, qui n'est point chiche,
    Arriv' l'inviter
Pour boire eun' goutte, avant qu'mincher ;
    Cha s' bot su l' comptoir,
    Mais bien souvint l' soir,
    Vous l' trouv'rez planté
A l' mêm' plach' qui n'a point quitté.

Pour mi, je n' vos rien d' meilleur
    Qu' la s'main' d'un tailleur.

Sin rével matin
L' mardi d' bonne héur' fait sin tapache,
   Awui, mais l' malin
S' ranich' dins l' coin comme un pouchin ;
   Mais quoiqu' mal aux ch'feux,
A huit heure' il est à l'ouvrache,
   Ouvrant comme un gueux,
Autant qu' possible d' sur du vieux.
   Après sin dîner,
   Pour tout fair' passer
   I jue au baingneau,
Ou jett' des p'tits pierr's au-d'ssus d' l'iau.
Pour mi, je n' vos rien d' meilleur
   Qu' la s'main' d'un tailleur.

   L' mercredi, in r' tour,
I n'est pus question d' faire ricdoule,
   Car comme l' paour,
Il est sur ses gampe' au p'tit jour.
   S'n ouvrach' faufilé,
I déchind boire eun' demi-doule.
   Un pochon d' café,
Et sitôt bu le v' là r'grimpé.
   Sans compter les r'tards,
   I fait pus d' chinq quarts,
   Puisch' qui n' va s' coucher
Qu' lorsqu'i n'a pus d'huile à brûler.
Pour mi, je n' vos rien d' meilleur
   Qu' la s'main' d'un tailleur.

   Nous v'là donc jeudi,
Qu'on appelle l' dimanch' du riche.
   Che n' l'est point pour li,
Car i buch' dur jusqu'à midi ;
   Mais sin dîner fait,
Sans prinde l' temps d' canger d' quemiche,
   I sait s' rind' coquet,

Et parte avec sin p' tit paquet.
     Après sin grand tour,
     Au son du tambour,
     Sin paquet sous l'bras,
I suit la r'traite in marquant l' pas.
Pour mi, je n' vos rien d' meilleur,
     Qu' la s'main' d'un tailleur.

     L' vindeurdi matin,
Pou l' fair' seul'mint l'ver sin derrière,
     J' réponds qu'un malin
Perdrot comme on dit sin latin ;
     Car pour li minger,
Peur que s'n ouvrach' reste in arrière,
     I n'arrête d'ouvrer
Qu'à chaqu' morciau pour l'infourner.
     S'i cope un vêt'mint,
     Ch'est fait si viv'mint,
     Il a si biau ju
Que l' pratiqu' mêm' n'y vot qu' du fu.
Pour mi, je n' vos rien de meilleur
     Qu' la s'main' d'un tailleur.

     I amasse l' sa
Avecque l' sam'di et l' dimanche,
     Car deux jours comm' cha
N'in faittent qu'un pou ch' luron là.
     Et si vers minuit
I dor' un heure, l' tiêt' su s' manche,
     Lorsque l' soleil luit,
J' défi' d' dir' qu'il a passé l' nuit.
     S'n ouvrach' terminé,
     Quand il a dîné,
     I s' fait bieau garchon,
Et se r'passe eun' *culott'* d'houblon.
Trouvez-m' eun' séquoi d' meilleur
     Qu' la s'main' d'un tailleur.

UN BIENFAIT N'EST JAMAIS PERDU

Air : *A genoux devant les pochards*

Chaqu' jour on nous jette au visache
Des vieux proverbe' et des dictons ;
Surtout dins Lille on a l'usache
D'in mette au bout d' tous les raisons.
Veyant cha je m' sus mis dins l'tiète,
D'attraper l' pus fort répindu,
Et juste j' mets l' main su' l' pus biète :
Un bienfait n'est jamais perdu.

J' vas vous in donner pus d'eun' preuve :
J'ai vu mi-mème un jour d'Atau,
D'un puijoir qui s' trouv' dins l' ru' Neuve,
Un carpintier bourler dins l'iau.
Du pont, tout d' suite un passant saute
Et plonge après m'n individu.
I s'a noyé in sauvant l'aute...
Un bienfait n'est jamais perdu.

Un aut' dimanch', dins l' rue à Claques
J' vos tout plein d' monde s' rassembler
Pour vir deux soulots s' fich' des claques
Et personn' n'osot s'in mêler.
J' m'avanche et rud'mint j' les sépare,
Mais sitôt me v'là rétindu
D'eun' trique qu' j'ai r'chu dins l' bagarre...!
Un bienfait n'est jamais perdu.

Eun' brav' femme un soir, ru' d' Voltaire,
Trouv' deux billets d' banqu' su l' pavé ;
Ell' cache après l' propriétaire :
Ch' n'est point sans ma qu'elle l'a trouvé.
Min rintier joyeux comme on l' pinse
De ch' trait d'honneur inattindu,
Li donn' *deux sous* pou s' récompinse...
Un bienfait n'est jamais perdu.

J' rinconte eun' fos, près de l' Madeleine,
Un d' ches êtres sans loyauté,
Capon qu' j'avos r'tiré de l' peine
Avé d' l'argint brav'mint prêté.
J' li dis : Rinds mes doupe', ou j' t'assomme :
In m' poussant, ch' gueux m'a répondu :
« Mais j' vous connos point, min brave homme... »
Un bienfait n'est jamais perdu.

V'là point longtemps, dins l' rue Saint-Pierre,
Un quien dormot, juste au momint
Qu'un tomb'reau kerké d'eun' grosse pierre
Allot l'éraser, tout nett'mint.
Je l' pouss' du pied, mais ch' quien d' rivache
A l'gamb' m'a bel et bien mordu.
Heureus' mint qu' j'ai point gaingné s' rache...
Un bienfait n'est jamais perdu.

Un soir, i débouch' d'eun' courette
Un voleur qui v'not d' s'écapper ;
J' queurs après, mais v'là qu'on m'arrête.
J' cri : Laichez-m' donc, j' vas l'attraper.
Tout me r'tenant, l' garde riposte :
— « Pour un filou, bien répondu. »
On n' m'a r'connu qu'étant dins l' poste...
Un binnfait n'est jamais perdu.

Un pauve appuyé su s' béquille,
L'aut' jour arrête un sacristain :
— Donnez-m', qui dit, j'ai grand' famille,
Ch'est pour leus acater du pain.
L'aut' prinds' bourse et d' bon cœur li donne.
Deux heure' après ch' pauv', prétindu,
R' passot sous les traits d'un ivronne...
Un bienfait n'est jamais perdu.

L'HUISSIER ET LES LOUPS

J'ai bien l'invi' d' vous détailler
L'avintur' d'un certain hussier,
Dont l' nom pour tous n'est point mystère...
Pour exercer sin ministère
A l'égard d'un méchant payeu,
Un biau jour il arriv' tout seu
Ponr saisir, quoi ? des biêt's féroces...
Jugez si d'vot s' trouver aux noces,
Lorsqu'in ouvrant l' port' de l' mason,
I n'intind point l' moindre raison,
Point l' pus p'tit bruit; mais trouve in plache
Un loup qui li parre l' passache;
Un loup, sans mintir gramint d' trop,
A minger deux hussiers d'un cop.
Puis, des grogn'mints, des cris sauvaches,
D's hurlemints partent d' tous les plaches;
Ch' n'étot qu'eun' ménag'rie, infin,
Rimpli' d' biêt's féroc's mourant d' faim...
— Saisissez, saisissez tout d' suite,
Crie un homm' chargé de l' poursuite,
Qui avot cru bon de s' mucher;
Saisissez, sans rien y laicher.
— Vou b'sogne est vraimint *par trop bielle,*
Car je n' fais point d' *saisi* parelle,
Répond l'hussier d un air *saisi;*
J'ai trop peur d'êt' mi-mêm' *saisi.*
Et l' *saisiss'mint* l' rindant pus leste,
Le v'là filé sans d'mander l' reste.

L'ENREGISTREMENT DES CHIENS

Air : *Une jeune fille avait un père.*

Un jour, dins l' ru' de l' Baign'rie,
J' rinconte un joyeux chochon,
Qui m' demand' d'ête à l' Mairie;
Témoin d' sin trosièm' garchon.
Avec li j' vas signer min nom;
V'là qu'in sortant j' vos v'nir Phrasie,
Avec un canich' sous sin bras ;
Cheull' femme m'dit sans imbarras :
— Comm' dins tout cha je n' connos rien,
Polite, est-ch' que te vodros bien
M' dir' duch' qu'il est l' bureau des quiens ?

Dins l' bureau j' rio incore,
Qu'elle dijot, sans réfléchir :
— V, là l' quien que m'n homme Isidore
Veut que j' vienne faire *affranchir* ;
Mi, ch'est à pein' si peut m' sintir,
Tandis qu' cheull' sal' biète il l'adore.
— Oui, mais doit-il être coté
Parmi les chiens d'utilité ?
— Cha m'est égal. Du reste, t' nez !
Mettez-le d'uch' que vous volez,
Pourvu qu' vous m'in débarrassiez.

J'intinds dir' par un grand' femme :
— Fait's vite, m' soup' va brûler,
Marquez l' quien qu' min nicodème
À l' sott' passion d' conserver.
— Est-ce un *chien de garde* à marquer ?
— M'n homme n'est point pus *garde* qu' vous-même.
— Comprenez-moi donc vivement,
Est-il de garde ou d'agrément ?
— Ah ! vous app'lez cha d' l'agrémint ?
Un voleur qui m' coût' tant d'argint :
Marquez-l' un quien d' désagrémint.

Après v'là qu'eun' jeun' fillette
Dit : — Monsieur, j'ai un grand quien.
Qu' m'a donné pou l' jour de m' fiête
L' garchon de m'n oncqu' Cyprien,
Avec li j' devos crainde rien
D's amoureux qui m' cassottent l' tiête
— Chien d'agrément je vais marquer :
— Nin, non, monsieur, j' vas l'attacher,
Car l'auteur jour un muscadin
M' l'a séduit pour eun' pièch' de pain...
Et mi pour eun' robe d' satin.

Un aute, avec l'air fort biête,
Vient dir' : — J'ai deux quiens moutons,
Auparavant j' veux connaite
S'i vont m' coûter gramint d' ronds ;
Comm' ch'est moins quer, nous l's attach'rons.
— Mon ami, c'est deux francs par tête.
— Quat' francs pour euss' ! te t' fiches d' nous !
Je l's ai payés quarant'-chinq sous...
J' te donn'rai tros francs pour les deux,
Arrinch'-t' hardimint comm' te veux,
J' n'ajout'rai point seul'mint tros ch'feux. »

Un flamind qui bat la s'melle,
   Dit : — Z' viens pour mon sien, monsieux,
Marque un fois qu' c'est un fumelle,
   La preuf' tu l'as d'vant vos yeux.
— S'i fait des jeun's mi j'in r'tiens deux,
Répond un pouss' cu qui s'in mêle.
— Cela ne vient pas m'indiquer
Comment je dois l'enregistrer.
— Meinher, ton demande est fort beau,
C'est un fumelle, voyez l' tableau,
Mon sien il piss' sur ton *bourreau.*

Eun' femme avec un serr'-tiète
   Arrive auprès d' l'écrivain :
— Monsieur, vous sarez qu' Zabette,
   S'est accouchée à ch' matin ;
J' vas dir' les noms d' sin chérubin.
— Ne vous cassez pas tant la tête.
Il ne faut qu'un renseignement
La mère, est-ce un chien d'agrément ?
— Ah cha ! dis donc, méchant vaurien,
Puis-ch' que te prinds in' fill' pour un quien,
J' vas l' dire à m'n homm', te n' risque rien !

L'OPINION D'UNE VIEILLE FILLE

sur les Hommes.

Air : *Dans un grenier.* (Béranger).

Un jour j'ai ri d'intinde eun' bonn' viell' fille
Critiquer l's homm's sur un banc du Réduit,
M' plachant près d'elle et gardant m'n air tranquille,
J'ai tout r'tenu, et v'là chin qu'elle a dit :
— Brair' pour un homm', je l' déclar' sans mystère,
Ch'est eun' bêtisse, eune action qui m' met d'dins,
Car che r'mèd'-là m' fait l'effet d'un cristère
Qu'on s' f'rot donner pour guérlr un ma d'dints. *bis.*

S'lon gramint d' gins, tout homme est eun' mervelle,
Laichez les dire i z'in f'ront des d'mi-dieux ;
Mais j' vodros bien qu'on m'intasse dins l'orelle,
Chin qu'il a d' rare et chin qu'il a d' curieux ;
Car sans les femme' à quoiche qui s'ro utile ?
I s' rot pus mol que l' bure in plein été ;
Un homm' sans femm', ch'est un quinquet sans huile
Un poèl' sans fu, eun' cafetièr' sans café.

Un marmouzet d'eun' quinzaine d'an' à peine,
Pins' d'ête un homme et qu'minche à nous r'vettier,
Su les trottoirs vous l' veyez qui s' pourmène,
In t'nant su s'n œil eun' vit' pour nous lorgner,
I s' met des cols pus raid' qu'un épitaphe,
Pour avoir l'air d'ête drot comme un soldat ;
S'il est à l' danse i fait tell'mint l'imblafe,
Qu'pour montrer s' grâce i s' tortain' comme un cat.

Nous ingueuser, profiter d' nous jeunesse,
Y'là chin qu'un homme in tout sait faire l' mieux ;
Maï' à nou tour peurnons-le pas s' faiblesse,
Quoich' qu'il a l'air quand il est amoureux ?
Eun' mouq dins l' huile, un braïard, eune andoule ;
I d' vient pus sot qu'un habitant d' Lomm'let.
Ch'est comme un co qu'on li inlève eun' poule,
I tourne, i cache, i n' sait pus d'ùch' qu'il est.

Etudiez-le quand i veut prinde eun' femme,
Vous rirez bien de s'n air imbarrassant ;
I cach' tell'mint qu' ch'est souvint qu'à l' sixième,
Qui fait sin choix, incore in hésitant.
L'eune est trop pauv', l'aut' trop sec, ou trop grasse;
Forche d' canger il arriv' que ch' balou'
Au bout d' deux mos sin mariache l' tracasse,
Car il est r'joint comme un rat pris pa l' cou.

J' vodros savoir quoich' qu'un homme in ménache
Sait faire aut' coss', sinon qu' boire et minger ?
Touiller l' fricot quand i r' vient de s'n ouvrache,
Ch'est d' trop pour li, car i l' laich'ra brûler.
Un seul infant li fait batt' la beurloque :
Ses b'soins, ses cris, tout li creus' l'estoma ;
S'il est présint quand s' femme l' cange d' loque,
I s' bouche l' nez, car l'odeur li fait ma.

Il est maflant su' l' toilett', su l' cuisine,
Un œil li quet chaqu' fos qu'il est contint ;
T'nez, pour mieux dire, un homme est eun' méd'cine,
Qu'eun' femm' mariée aval' difficil'mint ;
Et si eun' femm', dins l' Paradis terresse,
A été faite avec eun' côt' d'Adam ;
J' réponds qu'un homm' n' vient point d'un morciau
{d' fesse,
Car il est faux comme l' tièt' d'un merlan. »

CÉSARINE A L'ÉCOLE DE NATATION

Scènes racontées par elle-même.

Air : *Suzon sortait de son village.*

« Un jour d'été j' di' à m'n homm' Jacques :
Débroul'te, fieu, j' m'in vas nager.
Là d'ssus j' prinds mes cliqu' et mes claques,
Et me v'là parti d'un pas l'ger.
   J'intre à l'école,
   Dieu ! qu' ch'étot drôle,
Jamais j' n'ai vu pareill' curiosité,
   Cha vaut la peine,
   L'anné' prochaine,
Allez vir cha, ch'est un ju plein d' biauté.
Malgré mi, je l' déclar' quand même,
Faut rire in nous veyant dins l'iau :
Car i n'y a point d' pestaqu' pus biau
   Que d' vir nager eun' femme.

L' bruit qui s'y fait vous casse l' tiête,
Comm' si n'y avot six escadrons,
Ch'est à rind' sourd un tambour-maître,
Infin, ch'est pire qu' des démons :
   L'eune dispute
   Et fait l' culbute
L'aut' crie : « Au s'cours ! je m' sins partir au fond. »
   Eune aut', pu' harse,
   Pour faire eun' farce,
S'in va coper les cordiaux d'un cal'çon ;
Si bien qu' l'aut' fill' s'écrie : — Lilique !
Min costum' vient de s' détacher,
Et j' sins qu' dins l'iau i va glicher,
   Queull' position critique ! »

Dins tous m's affaires j' m'intortille,
Et j' vas plonquer, raid' comm' du bos ;
Par malheur, ch'est su l' vint' d'eun' fille
In train juste d' nager su l' dos.
    J'intinds tous l's autes,
    Rir' comm' des sottes.
Pindant qu' cheull' fille, in colère d'sur mi,
    D'eun' méchant' mine,
    Dijot : — Coquine !
Faut qu' te me l' paiche avant d' partir d'ichi. »
Quand j'ai volu r'faire m' toilette,
Tous m's habits s' trouvottent muchés ;
J'ai caché pus d' tros heure' après...
    L' vengeance étot complète.

J'allos serrer autour de m' talle
L'cordiau de m'n écourcheu d' satin
Lorsque j'intinds l' bruit d'eun' batalle,
Avec des cri' : à l'assazin !
    J'y vas quand même,
    Et j' trouve eun' femme
A l' tiêt' d'eune aute, in train d' s'arracher l' yeux.
    — T'injole m'n homme,
    Faut que j' t'assomme ! »
Dijot l' pus grande, in bûquant tout sin mieux ;
Mais v'là qu'au pus fort de l' colère,
In s'attrapant pas leu chignon,
Les deux comèr's faitent l' plongeon
    Tout au fond de l' rivière.

Comm' dins ch' l'école on a l' coutume
D' mucher tout pour intrer dins l'iau,
Chin qui faut r'vettier chez l' costume,
S'il est comique i n'est point biau.
    L'eune a su s' tiête
    Eun' colinette
Et sur sin corps un mantiau débraillé.

L'aut' un corsache
D' toile d'imbalaché,
Avec eun' jupe in coutil éraillé.
L' pus drôl' de tout ch'est eun' mabresse,
Ell' s'avot, bien sûr faut' d' habit,
Intortillé' dins l' drap d' sin lit;
Je l'ai pris pou l' *déesse*.

L' pus grand tort qu'on a dins ch' l'école,
Ch'est d' nous fair' costumer si bien,
Car sitôt fraiqu', tout cha vous colle
Et ch'est comm' si on avot rien.
Ainsi, Juliette,
Eun' biell' filiette,
Etant dins l'iau ch' n'étot pus qu'un bâton,
Et l' gross' poitrine
De l, femm' Cath'rine
Etot pus plat' que l' planquer de m' mason.
Eune aute fill' costumée in rouche
M'a laiché vir, sans s'in douter,
Deux guamp's qui pourotent r'sembler
A min bras quand je m' mouche.

Quand pour s'in aller l' cloquett' sonne,
Ch'est là que l' branl'-ba' est complet;
Pus moyen d' s'y r'connaît' personne
Car on s' tromp' souvint d' cabinet.
Tout est pêl'-mêle
Et à l' foufièle,
On sorte d' l'iau avé l' visach' tout vert
Forch' qu'on gueurlotte
On met s' culotte
A l'opposé, comme l' roi Dagobert.
Pus d'un infant d' cheull' joyeuss' troupe
N' pouvant point défair' sin cal'çon
Au galop s'in r' tourne à s, mason
Trempé comme eun' bonn' soupe.

LE COUVENT A SABOTS

Chanson dédiée aux jeunes filles.

Air : *Le Poisson d'avril*. (Desrousseaux).

Biell' jeuness', tout' simple d' nature,
Vous n' devez connaît' que d' renom
Ch' grand couvint, ru' de l' Préfecture,
Qui fait peur seul'mint par sin nom.
Su ch' bâtimint noir, où l' mauvais' conduite.
In guise d' brod'quins porte des chabots,
Comm' cha peut vous fair' du bien par la suite,
J' m'in vas, jeun's fillett's, vous in dir' quéqu' mots :

REFRAIN

Gare aux propos
Des malins fichaux !
Cha mène au couvint qu'on nomme à chabots.

Cheull' prijon, car che n' n'est eun' choitte.
N'a rien d' doux dins sin régueul'mInt ;
Pus sévère qu' jadis un cloîte
Ell' n'a point l' pus p'tit amus'mint.
Eun' cruche avé d' l'iau et du pain sans bure,
Norrit l' mauvais' tiêt' qui n' veut point ployer
Mème l' martinet, sous les robes d' bure,
Trouve aussi quéqu'fos bien à s'imployer.
Gare aux propos, etc.

Pour là d'dins qu'on vous imprijonne,
I n' faut point commett' d'assazin,
I n' faut mêm' point voler personne,
Ni fair' d'insulte à sin voisin.
Pour chin qui faut fair' je m' tairos bien vite,
Si sin vilain nom j' pouvos point l' cacher.
I s'agit d'eun' faut' qui paraît bien p'tite,
Mais qui s'agrandit forch' de r'commincher.

Gare aux propos, etc.

Eun' fillett' dins la fleur de l'âche,
Comm' l'infant n'a qu' des p' tits chagrins,
Sin plaisi, in quittant s'n ouvrache,
Ch'est d' vettier les biaux magasins.
Gare à vous fillett's, car sous ch' biau cach'mire
Existe eun' viper' qu'on nomm' séduction,
Et derrièr' vou dos s'in trouve eun' bien pire :
Cheull'-là n'a qu' deux... pied' et porte un lorgnon.

Gare aux propos, etc.

Quand s' trouv'ra d's' occasions parelles,
Jeun' fillette accoutez m' raison :
Bouchez bien vos deux p' tit's orelles,
Ch'est par là qu's'introduit l' poison.
Méfiez-vous snrtout d' cheull' mielleus' parole
Qui traverse l' cœur comme eun' flèche l' vint,
L' maffiand qui vous l' dit sait juer sin rôle,
I vous trace l' route d' min noir couvint.

Gare aux propos, etc.

Quand ven'ra l' bal de saint' Cath'rine,
Où chaqu' fillette aime à danser.
Allez-y, n' soyez point chagrine.
On y trouve à bien s'amuser.
Mais lorsqu'un danseu, dès l' premièr' figure,
Mettra des soupirs dins ses complimints,
Dit's li donc qui tâche d'. mieux suiv' la m'sure
Au lieu d' vous lancer dins des mauvais qu'mins.

Gare aux propos, etc.

Si l' jeuness' n'a point d'expériince,
I n r' vanche elle a de l' vanité ;
L' coquett'ri' li donne' juste l' sciince
De s' fair' prind' pa l' garchon futé.
Aussi rouch' qu'un co lorsqu'on li adréche
Eu n' tapé d' flatteries qui vous l'mettent dins,
Comme un jeun' queva, s' petit' tiêt' se r'dréche
Et vers min couvint ell' prind l' mor'-aux-dins.

Gare aux propos, etc.

PAPA

Air : *A l'cau.*

A pus d' tros mill' lieue' à la ronde,
Chaqu' jour on répèt' min sujet ;
Il a pour auteur gramint d' monde,
Et n'est quoiqu' cha jamais complet.
I double l' bonheur des ménaches ;
Rind tous les bons maris bénaches,
Car lorsque l' cœur est pris d'amour,
Ch'est avec l'espoir d'ète un jour

     Papa...
     Papa !   } *bis.*
Ch'est si doux d'intind' cha !

Lorsqu'après d' longs jours d'espérance,
Mêlés d' joie autant que d' tourmint,
Et qu'à côté d'un lit d' souffrance
On assiste au *dernier momint.*
Comme l' cœur douchett'mint s'agite,
Quand l'accoucheus' vous donn' bien vite
Un morciau d' gins dodu et *gras,*
In vous app'lant, gros comme l' bras :

     Papa..
     Papa !
Ch'est si doux d'intind' cha !

Que ch' l'infant s'in allo in norriche,
Ou que s' mèr' li donne à têter ;
Qu'il arriv' d'eun' famill' bien riche,
Ou que l' misèr' vienne l' bercher.
L' premièr' parol' qui sara dire,
Avec un joyeux p'tit sourire.
Pour un père n' peut point s' payer,
Ch'est quand il intind bégayer :

Papa...
Papa !
Ch'est si doux d'intind' cha !

Un père, on l' sait, n' met point d' mitaine,
Pour corriger l' moindre défaut ;
On l'appell' quéqu' fos *Croqu'mitaine*,
Il agit pourtant comme i faut.
Car malgré qu' l'infant n' sot point sache,
L' martinet se r'met vite in plache,
Quand avec ses yeux tout perdus,
L' gamin vous dit : — Je... n' le... f'rai... pus...

Pa...pa... —
Papa !
Ch'est si doux d'intind' cha !

A dije-huit ans, si ch'est eun' fille,
Fièr'mint vous l' prom'nez pa d'sous l' bras ;
Et pus d'un garchon d'jà pétille
Pour li glicher quéqu' mots tout bas :
Dins chaqu' rue où ch' biau couple passe.
Les cops d' capiau arriv'nt in masse,
D' puis l' homm' sérieux jusqu'au blanc bec,
Chacun tach' d'ête aimable avec

Papa...
Papa !
Ch'est si doux d'intind' cha !

L'infant marié, ch'est la tristesse,
Quand on n' peut point s' faire eun' raison.
L' joi' de l' famille, in grand' vitesse,
Est déménagé de l' mason;
Par bonheur, un biau jour arrive
Où l'orgueil du père s' sint r'vive,
Ch'est quand un mioche in courant,
Vient grimpailler su l' dos du grand-

      Papa...
      Papa!
Ch'est si doux d'intind' cha !

J' désir' viv' vieux, quoi qu'on nous prèche
Que l' vieillesse est un lourd fardeau ;
Après, j'aim' ros bien qu'on impèche
D' verser trop d' larms' sur min luigeau.
Je n' veux point d' discours à l' chim'tière,
Mais j' demande qu' sur eun' gross' pierre
On marque, in pus grand's lette' au mieux :
— Ichi, mes gins, r'pose un bon vieux

      Papa... —
      Papa!
Quel titre vaut ch'ti-là ?

SCÈNES DE VILLAGE

Mairrie de l' commune de X...

AVISSE.

Nous, champette d' la commune et d' tous les pièches d' terre, annonche à tous les gins, hommes, femmes et infants, ainsi qu'à tous l's autes, les indispositions prisses par monsu l' maire au sujet des fêtes qui vonz été baillées aux habitants du villache, à l'occasion de l' pose de l' première pierre du nouviau abreuvoir, par monsu Tirche, in personne. Saluez tertous... saluez aussi, ches femmes, là-bas. Roulez, tambour...

Artique premier, journée du 25 du mos qui court, 10 heures du matin. — Arrivée d' monsu Tirche dins l' cariole du messager, et deschinte dins l' cabaret de l' mairrie ; l' cloque d' l'égliche étant fêlée, l's habitants sont invités à branler l' pus fort possible les sonnettes d' leu mason. Les masons qui n'ont point d' sonnette à leu porta f'ront v'nir eune cloque du villache d' Lille qui n'est point long d'ichi.

---

10 heures et demie. — Eune salfe d' vingt et un cops d' canon s' ra tirée su l' plache, in l'honneur d' monsu Tirche, avé l' pistoulet d' Jérôme l' carpintier, s'i n'est point trop incarpé.

11 heures. — L' vin d'honneur s'ra présinté à monsu Tirche su l' plateau d'étain qu' nou adjoint a gaingni à l' dernière bataille d' cos. L' vin du villache n'étant nin assez bon pour un homme comme monsu Tirche, nou maire in a fait v'nir tros boutelles des Iles Sainte-Magrite ; l' Conseil voit'ra la somme nécessaire pou l' rimboursemint d' monsu l' maire.

11 heures et demie. — Grand banquet d' tripes dins l' salle de danse du cabaret d' l' Hôtel-de-Ville, qui, pour cheulle soulennité, s'ra débarrassée provisoiremint d' ses toiles d'araingnées.

12 heures. — Grand posemint de l' première pierre du nouviau abreuvoir par monsu Tirche, qui, à ch' l'occasion, f'ra un biau discours su l' grande utilité des abreuvoirs pou l' nettoyache des biêtes et des habitants.

1 h.-Pourmenade in batiau su l'ancien abreuvoir. L'ancien abreuvoir étant à sec, l's hommes, les femmes, l's infants l' rimpliront par tous les moyens possibles ; définse est faite d' picher ou d' faire picher autervar que dins ch' l'abreuvoir là.

2 heures. — Un Té d'omme s'ra canté dins nou égliche pa l' clerc et pa l' cousin du grand Nicolas l' sincier.

2 heures et demie. — Visite des monumints du villache, tels que basses-cours, sinces et puriaux.

3 heures. — Montache au cloquer. Monsu l'maire ara l'honneur d' pousser monsu Tirche pa sin cu, à cause que l's émontées n' sont nin fort bonnes.

4 heures. — Diner auficiel dins l' granche d' l'adjoint, qui, à ch' l'occasion, a sacrifié sin pus cras pourcheau. Nou adjoint n' f'ra point d' discours pach'que s' langue n' veut pus tourner d' puis qu'il a perdu sin dernier dint. L's habitants qui aront l'honneur de r'chenner avec monsu Tirche d'vront apporter un moucho prope in guise d' serviette. A table, i est défindu d' mouquer sin nez dins ses doigts, ni d' ressuer s'n assiette avecque s' langue, i n' faudra point boire non pus à s'inroster.

---

5 heures et demie. — Qu'minch'mint des jus d' galoche inter cheusses d'ichi et des villaches voisins. 1er prix : un fourqui neuf ; 2me prix : eune pique ; 3me prix : eune raclette ; 4me prix : un loucher ; infin, dernier prix : eune surprisse, qui s'ra eune paire de mouffes dins un carton à capiau.

---

6 heures trois quarts. — Départ de monsu Tirche et grand illuminache, si l' *belle* n' luit point. L' devant d' monsu l' maire ara trinte lampes à pétrole, et l's habitants f'ront l'éclairache d' leus masons avec des candelles des siches. Les pompiers d' la commune escort'ront monsu Tirche : comme i n'ont ni uniforme, ni fusique, on les r'connaîtra à l' pompe qui suivra l' cariole d' monsu Tirche jusqu'à la station.

J'ai fini, attintion qu'on se l' diche.

TITRES

des

PASQUILLES ET CHANSONS

1re *Livraisou.* — *PASQUILLES.*

2e *livraison.* — *CHANSONS.*

www.ingramcontent.com/pod-product-compliance
Lightning Source LLC
Chambersburg PA
CBHW052054270326
41931CB00012B/2758